D1386526

JEAN-CLAUDE MACQUET
MARTINE ORLEWSKI

GÉRER ET MAÎTRISER SA VIE

MONTRÉAL   NEW YORK   PARIS

© 1985, Éditions France-Empire
© 1985, Éditions INTER
41, av. des Pins Ouest
Suite 101
Montréal (Québec)
H2W 1R3
(514) 843-5157

Distribution exclusive :

AGENCE DE DISTRIBUTION POPULAIRE INC. *
955, rue Amherst
Montréal (Québec) H2L 3K4 (Tél. : 514-523-1182)
    * Filiale de Sogides Ltée

Dépôt légal :
Bibliothèque nationale du Québec
3ᵉ trimestre 1985

ISBN 2-920670-38-7

Imprimé au Canada

REMERCIEMENTS

Il nous est difficile de remercier ici toutes les personnes qui par leurs écrits, leurs exposés ou leurs pratiques nous ont aidés à concevoir ce livre.

Qu'il nous soit toutefois permis d'avoir une pensée particulière pour nos amis Eliane Ferragut, Luc Audouin, Henri Boon, docteurs en médecine avec lesquels nous collaborons au sein du CREARD, Centre de Recherche et d'Applications des Relaxations Dynamiques, et Jean-Paul Allaux, kinésithérapeute (pour l'occasion photographe).

Pour tous ceux et celles représentants de professions médicales et paramédicales, enseignants, entraîneurs, joueurs ou joueuses, étudiants et aussi patients qui ont participé à nos groupes de sophrologie et de relaxation dynamique.

Martine ORLEWSKI   Jean-Claude MACQUET

CHANGER DE VIE
EST-CE POSSIBLE ?

Quatre années de pratiques de l'enseignement de la sophrologie et de la relaxation dynamique nous ont mis en contact avec beaucoup de gens en mutation : artisans créant leur entreprise, cadres confrontés à une modification de leur situation professionnelle, étudiants s'apprêtant à entrer dans la vie active, femmes attendant un enfant, individus aux prises avec des difficultés personnelles ou des troubles de santé, plus un bon nombre de personnes simplement curieuses d'élargir leur champ de possibilités.

Nous avons souvent constaté qu'acquérir des techniques de relaxation ne suffisait pas pour bien vivre le changement. Il manquait une étape : celle du Bilan. On apprend à gérer son budget, une entreprise, son patrimoine mais rarement à « GERER SA VIE ».

« Gérer sa vie » c'est pouvoir retrouver un nouvel équilibre dans chaque modification de son existence.

Or face à leur passé, certains veulent tirer définitivement un trait, d'autres en revanche cherchent désespérément à s'y raccrocher.

Nous avons voulu ce livre comme un PROGRAMME DE CHANGEMENT susceptible d'aider tous ceux dont la vie se transforme à mieux diriger cette évolution.

Pendant que nous travaillions à son élaboration, nous nous sommes rendus aux Etats-Unis. Nous avons, bien sûr, traîné dans les librairies et remarqué combien les ouvrages proposés étaient conçus de manière très pratique, cherchant à rendre le lecteur toujours plus responsable de ses progrès.

C'est précisément ce pragmatisme et ce souci d'autonomisation qui engendre cette efficacité que nous remarquons chez les Américains. Nous avons été confortés dans notre idée de proposer un livre qui permette au lecteur d'agir seul.

Un livre très pratique donc, grâce auquel il pourra établir son bilan individuel, fixer ses objectifs, appliquer son programme de changement, acquérir des techniques efficaces et vérifier ses progrès; mais aussi trouver chaque fois qu'il en ressentira le besoin, les éléments qui lui permettront de comprendre le pourquoi de son action.

Nous allons à la fois demander aux lecteurs de « travailler » avec leur hémisphère droit sans pour autant négliger d'aller consulter de temps à autre leur très cartésien hémisphère gauche.

Ce livre s'inscrit dans le mouvement qui vise à unifier le corps et l'esprit tant il est vrai que l'homme ne vit pas seulement de pensées mais aussi de perceptions et de sensations révélant l'importance du corps. Ce corps si longtemps oublié qui est aujourd'hui mis en vedette dans les shows les plus variés (aérobic, triathlon...), mais également redécouvert dans le plaisir de l'effort du jogging, du wind-surfing... ou plus paisiblement dans le bien-être de la relaxation, du tai-tchi, des gymnastiques douces..

Mais le rôle de la pensée ne diminue pas pour autant. De discursive qu'elle était, elle devient active grâce aux techniques récentes de visualisation et de mentalisation. Elle peut être concentrée, dirigée et stimulée dans sa production imaginative. Dès lors elle est opérationnelle et peut jouer son rôle « d'activation ».

L'intérêt de ces techniques réside dans le fait qu'elles sont accessibles à tous et non plus réservées aux initiés ayant fui le monde. Chacun peut après un bref entraînement les pratiquer à sa guise dans les activités de sa vie.

Il est intéressant de constater que parallèlement à l'essor de l'électronique et de l'informatique se développe un courant de recherche sur les multiples possibilités du cerveau de l'être humain.

Si les succès de la recherche spatiale sont spectaculaires et marquent notre siècle, on peut imaginer que les conquêtes plus discrètes de l'espace intérieur de chaque individu vont dominer le XXIe siècle et peut-être tracer la voie vers un futur où science et sagesse progresseront enfin ensemble.

Nous souhaitons dans cet ouvrage faire partager notre conviction que l'avenir se vit dans chaque instant qui passe et peut se construire dans nos gestes quotidiens les plus simples.

Notre objectif en rédigeant ce livre était non pas de fournir un cahier de recettes, mais plutôt de proposer à chaque lecteur une sorte de « journal intime » comme compagnon de son parcours.

UZÈS, *septembre 1984*

Martine ORLEWSKI, Jean-Claude MACQUET

LE PARCOURS DU CHANGEMENT

Première étape : FAIRE LE BILAN   15

   1. Maîtriser ses tensions   17
   2. Faire le bilan de sa journée   35
   3. Apprendre à programmer la détente   45

Deuxième étape : ACQUERIR LES TECHNIQUES. . .   71

   1. Comprendre comment agit la relaxation   73
   2. Apprendre à vivre relaxé et dynamique.   85

Troisième étape : GERER LE CHANGEMENT   95

   1. Changer sa vie :
      — Habiter son corps   97
      — Maîtriser le temps   109
      — Penser positif   112
   2. Vivre pleinement son temps :
      — Se mettre en forme, se dynamiser   140
      — Récupérer   142
      — Savoir utiliser ses loisirs   145

AVANT LE DEPART

Matériel nécessaire :

- un crayon,
- un lieu tranquille,
- un moment de disponibilité. Comptez 10 minutes par tableau, par entraînement et selon votre rapidité un à trois mois pour l'itinéraire complet,
- un certain sens de l'observation de soi et des situations vécues,
- de la persévérance...

mais aussi un regard bienveillant sur vos résultats
et surtout... *DETENDEZ-VOUS !*

AU DEPART

Vous avez le matériel nécessaire, partons pour ce parcours du changement qui comporte trois étapes :

— La première vous conduit au bilan de ce qui vous arrive dans votre vie quotidienne.

— La deuxième vous explique les techniques de relaxation.

— La troisième enfin vous permet d'atteindre les objectifs que vous vous êtes fixés : accroître vos possibilités.

Entre chaque étape, une halte est prévue pour faire le point de votre avancée.

C'est à un voyage plein de découvertes que nous vous convions.

Bonne route !

PREMIERE ETAPE

FAIRE LE BILAN

1

ETES-VOUS TENDU ?

Il vous est sûrement arrivé en maintes occasions de vivre des moments où vous vous êtes senti énervé : attendre quelqu'un qui est en retard, avoir trop de choses à faire, être obligé de supporter quelqu'un...

Ces événements anodins déclenchent pourtant en vous des manifestations gênantes et parfois même douloureuses (maux de tête, brûlures d'estomac...). Nous nous efforçons le plus souvent de les cacher aux autres, et pour nous-mêmes de les ignorer. Cependant c'est la répétition ou l'accumulation de ces contraintes qui est à l'origine de l'apparition de nombreux troubles de santé.

Le tableau que nous vous proposons ci-après vous permet d'effectuer le relevé et l'addition des tensions qui sont chez vous les plus fréquentes. Il comporte un certain nombre de situations de tensions parmi les plus habituelles, il vous suffit de pointer celles qui vous concernent pour déterminer votre état actuel.

Ce relevé s'accompagne de notations concernant l'importance et la fréquence de ces tensions. Il vous suffit donc de cocher en regard de la situation de tension que vous avez retenue la colonne « T », « M » ou « P » selon que vous vous estimez très, moyennement ou peu tendu.

REPEREZ VOS TENSIONS

	Importance			Fréquence		
	T	M	P	T	M	P

1. Liées a l'utilisation du temps.

être en retard
attendre quelqu'un
avoir toujours un temps de retard
manque de temps
manque de temps pour soi
avoir trop de choses à faire dans
    le même temps
vivre un moment de pointe
avoir l'impression de perdre son
    temps
avoir trop de temps

2. Liées au rythme

rythme trop lent
rythme trop rapide
changement de rythme
perturbation de ses rythmes

3. Liées aux situations

• *Familiales :*
situation familiale difficile
changement de situation fami-

18

	Importance			Fréquence		
	T	M	P	T	M	P

liale (mariage, divorce, gros-
sesse, veuvage, etc.)
relations familiales :
— avec le conjoint
— avec les enfants
— avec les parents
— avec d'autres membres

• *Sociales :*

relations avec les amis
relations avec les voisins
relations avec les autres dans les
activités sociales (loisirs,
sports, religion, politique...)
relations avec l'environnement
(immeubles, quartiers, villes,
régions, pays...)

• *Professionnelles :*

nature de l'activité
statut professionnel
inactivité
relations avec les collègues
relations avec la hiérarchie

• *dans les lieux publics :*
musique d'ambiance
hauts parleurs
bruits d'environnement
foule

	Importance			Fréquence		
	T	M	P	T	M	P

- *agressions visuelles :*
  couleurs des locaux
  architecture des bâtiments
  éclairage insuffisant ou trop
     intense
  activité nécessitant une con-
     centration visuelle soutenue

- *agressions :*
  odeurs
  air conditionné
  manque d'air
  émanations toxiques

- *agressions liées aux espaces :*
  pas d'espace personnel
  manque d'espace
  promiscuité
  changement de lieux
  espaces collectifs insuffisants
     (salle de bain, WC...)

- *autres agressions :*
  pollution
  alimentation
  excès d'information (publicité,
     radio, affiches...)
  situations de crise
  examens et concours
  prise de parole en public

- *personnelles :*
  problèmes de santé

	Importance			Fréquence		
	T	M	P	T	M	P
difficultés matérielles						
difficultés financières						
racisme						
sexisme						
réactions individuelles aux agressions de l'environnement						

difficultés matérielles
difficultés financières
racisme
sexisme
réactions individuelles aux
agressions de l'environnement

- *agressions sonores
à la maison :*
musique : niveau sonore,
   genre de musique
télévision, radio
voisins
famille
bruits de voisinage (immeuble,
   rue...)
silence

- *au travail :*
téléphone
machines
collègues
volume sonore des locaux

FAITES VOS COMPTES

Les occasions de situations de tensions sont pour vous :

 très fréquentes ....

 moyennement fréquentes ....

 peu fréquentes ....

Dans ces situations vous vous sentez :

 très tendu ....

 moyennement tendu ....

 peu tendu ....

OU SONT LES TENSIONS DANS VOTRE CORPS ?

Maintenant que vous avez repéré les situations de tension dans votre vie quotidienne, précisez sur le tableau ci-dessous la nature des troubles que ces tensions créent.

Au niveau de votre respiration :

- [ ] vous manquez d'air
- [ ] vous êtes haletant
- [ ] vous ressentez comme une boule dans la poitrine
- [ ] vous faites une crise (d'asthme...)

Au niveau de votre cœur :

- [ ] votre cœur s'accélère
- [ ] vous avez mal
- [ ] vous faites une crise (angine de poitrine, palpitations)

Au niveau de votre appareil digestif :

- [ ] votre gorge se serre
- [ ] votre estomac se noue
- [ ] vous digérez mal (ballonnements...)
- [ ] vous avez la diarrhée
- [ ] vous faites une crise (de colite, d'ulcère...)

Autres manifestations :

- [ ] vous pâlissez
- [ ] vous rougissez
- [ ] vous transpirez
- [ ] vous avez la bouche sèche
- [ ] vous avez besoin d'uriner
- [ ] vous tremblez
- [ ] vous avez la tête vide

FAITES VOTRE CARTE DE TENSIONS CORPORELLES

Pour illustrer cet exercice, nous vous présentons le cas de Mme X, jeune femme de 31 ans, mariée, deux enfants, hôtesse d'accueil qui a participé à un groupe de formation. Son activité professionnelle nécessitait une disponibilité permanente. Les situations de tensions apparaissaient lorsqu'elle avait à s'occuper de trop de personnes en même temps. Elle ressentait alors divers troubles : sa nuque et ses épaules se crispaient, son estomac se nouait, elle avait un peu de difficulté à respirer, rentrée chez elle, elle commençait une crise de colite.

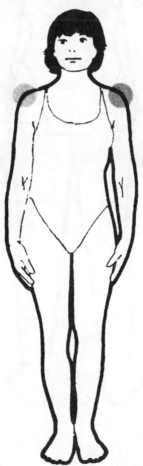

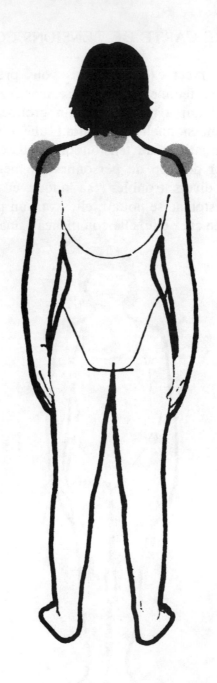

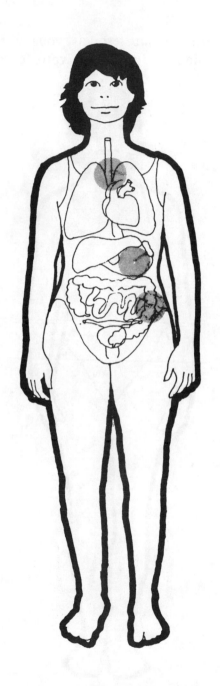

Voici trois dessins sur lesquels vous allez indiquer les zones tendues ou douloureuses dans votre corps.

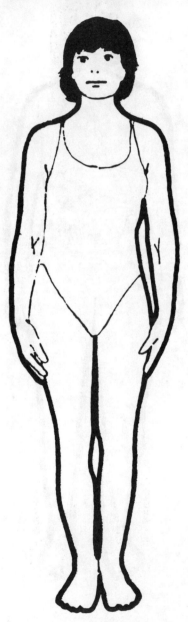

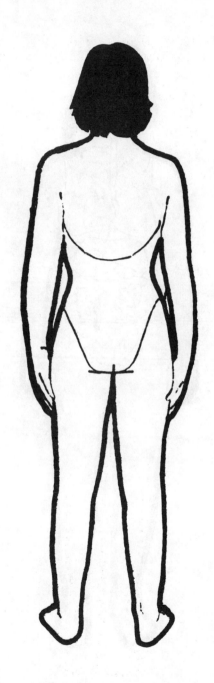

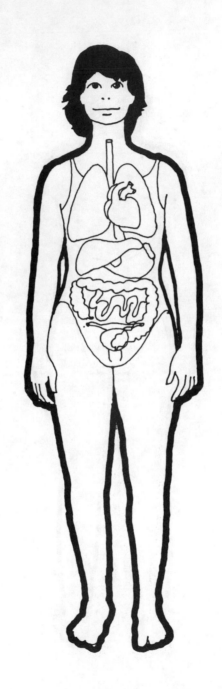

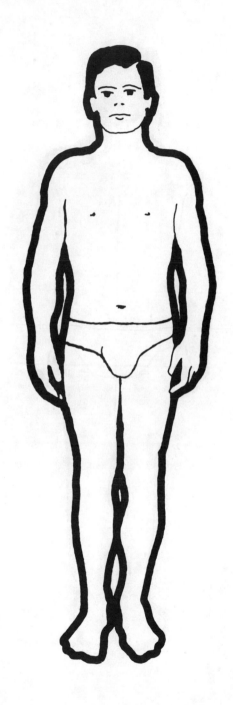

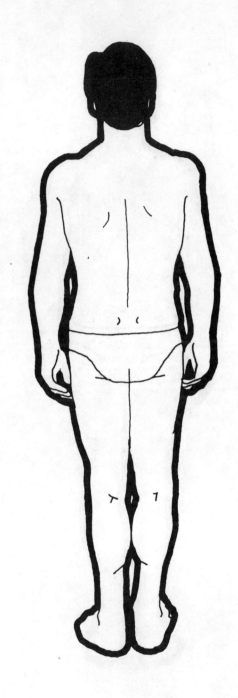

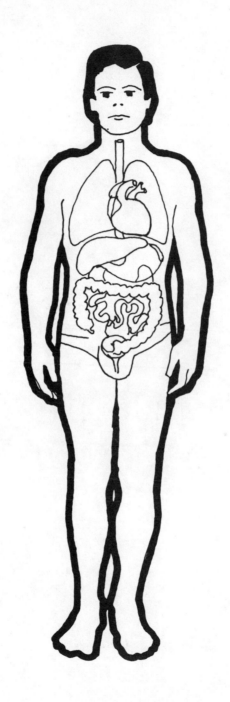

2

UNE JOURNEE COMME LES AUTRES...

Le temps !

Combien de fois au cours des quatre années pendant lesquelles nous avons côtoyé des groupes en formation à la relaxation, avons-nous entendu cette phrase : « **Je n'ai pas le temps !** »

Pas le temps de lire, d'aller manger « entre midi et deux », d'écrire, pas de temps pour soi, alors bien sûr pas de temps à consacrer à dix minutes d'exercices. Dix minutes qui pourtant, nous en étions bien persuadés, leur auraient permis de rompre ce cycle infernal et peut-être de profiter plus pleinement de la vie.

Ces personnes qui découvraient avec enthousiasme ces techniques, se trouvaient reprises par leurs activités quotidiennes et peu à peu contraintes de renoncer à poursuivre leur entraînement.

Il devint évident pour nous qu'il fallait en premier lieu se pencher avec attention sur l'organisation du temps dans le déroulement de leur journée.

Etablir dans le détail son budget temps par rapport à ses activités quotidiennes est le préalable indispensable à tout apprentissage de méthodes de relaxation.

Là encore, il ne s'agit pas de retenir simplement des « recettes » mais plutôt de s'inscrire dans un « programme de changement » ayant pour objectif de ne pas subir sa vie.

Comme au cinéma on établit chaque fois un script du déroulement du tournage, nous vous proposons d'établir le script d'une journée de votre vie.

Faites-le pendant trois jours, deux dans la semaine, un dans le week-end.

Voici l'exemple de M⁰ᵉ T.

UNE JOURNEE TRES ORDINAIRE
DANS LA VIE DE Mᵐᵉ T.

7 h	Lever, puis petit déjeuner (10').
7 h 10	Toilette (20').
7 h 30	Stretching (10').
7 h 40	Tâches ménagères (35').
8 h 15	Départ en voiture pour son travail (35').
8 h 50	Arrivée au travail.
12 h	Déjeuner (1 h).
13 h	Shopping et promenade (1 h).
14 h	Retour au travail.
18 h	Départ du travail.
18 h 30	Courses et transport (35' et 40').
19 h 15	Retour à la maison et préparation du repas (45').
20 h	Dîner en regardant la télévision (45').
20 h 45	Tâches ménagères (15').
21 h	Télévision (1 h 45').
22 h 45	Toilette (15').

23 h   Se met au lit.
         Lecture (15').
         Dort (7 h 30).

Mme T. répartit ainsi son temps :
* se nourrir 1 h 55'.
* soins corporels 45',
* toilette 35',
* gymnastique « stretching » 10',
* transport 1 h 10,
* activité professionnelle 7 h,
* activité domestique 1 h 30,
* activité familiale 3 h,
* loisirs,
  loisirs actifs : 1 h,
  loisirs passifs : 2 h 45,
* sommeil 7 h 30.

Mme T. travaille dans un bureau. Elle est assise pendant son travail, dans sa voiture, aux repas et le soir devant la télévision. Soit un total de 11 heures.

Elle est couchée 8 heures.

Elle est en mouvement 5 heures (stretching 10', marche et shopping 1 h, course 40', déplacement dans sa maison 3 h).

On peut considérer que Mme T. dispose d'environ 1 h 30 pour elle (stretching 10', shopping 1 h, lecture 20'...).

Etes-vous surpris ?

Nous en discuterons dans le chapitre consacré au temps.

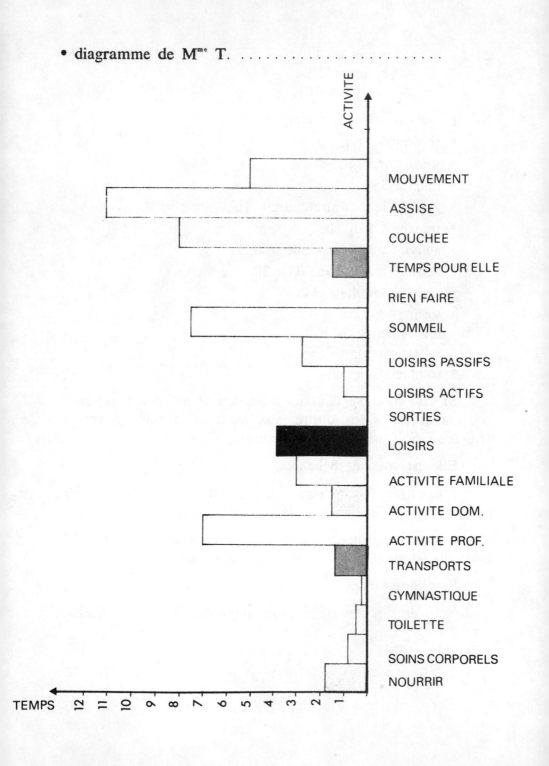

• diagramme de Mme T. ....

FAITES VOS COMPTES !

Combien de temps passez-vous :
* à vous nourrir ....
* à vos soins corporels ....
  toilette ....
  gymnastique ....
  maquillage, coiffure ....
  rasage ....
* à vos transports ....
* à vos activités professionnelles ....
* à vos activités domestiques ....
* à vos activités familiales ....
* à vos loisirs ....
  sorties ....
  loisirs actifs (sports, marché, jardinage), etc. ....
  loisirs passifs (télévision, lecture, musique), etc. ....
* à votre vie sentimentale ....
* à votre vie sexuelle ....
* à ne rien faire ....
* à dormir ....
* en position couchée ....
* en position assise ....
* en position debout ....
* en position immobile ....
* en mouvement ....
De combien de temps disposez-vous pour vous-même ?

Journée 2

FAITES VOS COMPTES !

Combien de temps passez-vous :
• à vous nourrir ....
•à vos soins corporels ....
  toilette ....
  gymnastique ....
  maquillage, coiffure ....
  rasage ....
• à vos transports ....
• à vos activités professionnelles ....
• à vos activités domestiques ....
• à vos activités familiales ....
• à vos loisirs ....
  sorties ....
  loisirs actifs (sports, marché, jardinage), etc. ....
  loisirs passifs (télévision, lecture, musique), etc. ....
• à votre vie sentimentale ....
• à votre vie sexuelle ....
• à ne rien faire ....
• à dormir ....
• en position couchée ....
• en position assise ....
• en position debout ....
• en position immobile ....
• en mouvement ....
De combien de temps disposez-vous pour vous-même ?

40

FAITES VOS COMPTES !

Combien de temps passez-vous :

• à vous nourrir . . . .

• à vos soins corporels . . . .

   toilette . . . .

   gymnastique . . . .

   maquillage, coiffure . . . .

   rasage . . . .

• à vos transports . . . .

• à vos activités professionnelles . . . .

• à vos activités domestiques . . . .

• à vos activités familiales . . . .

• à vos loisirs . . . .

   sorties . . . .

   loisirs actifs (sports, marché, jardinage), etc. . . . .

   loisirs passifs (télévision, lecture, musique), etc. . . . .

• à votre vie sentimentale . . . .

• à votre vie sexuelle . . . .

• à ne rien faire . . . .

• à dormir . . . .

• en position couchée . . . .

• en position assise . . . .

• en position debout . . . .

• en position immobile . . . .

• en mouvement . . . .

De combien de temps disposez-vous pour vous-même ?

Représentez sur le diagramme ci-dessous les résultats que vous avez obtenus

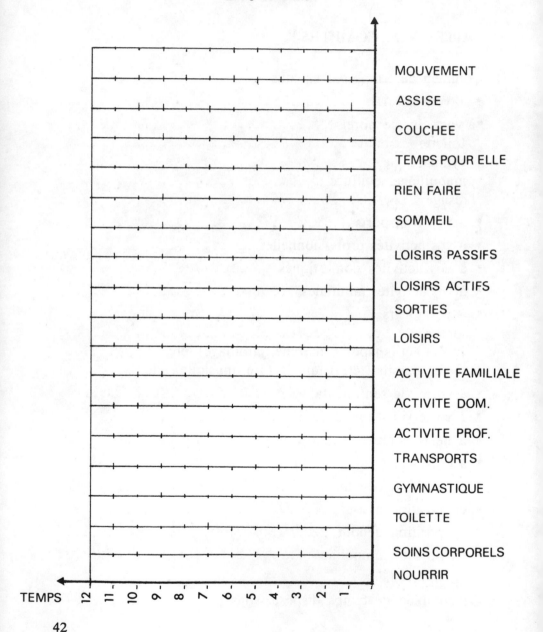

Représentez sur le diagramme ci-dessous les résultats que vous avez obtenus

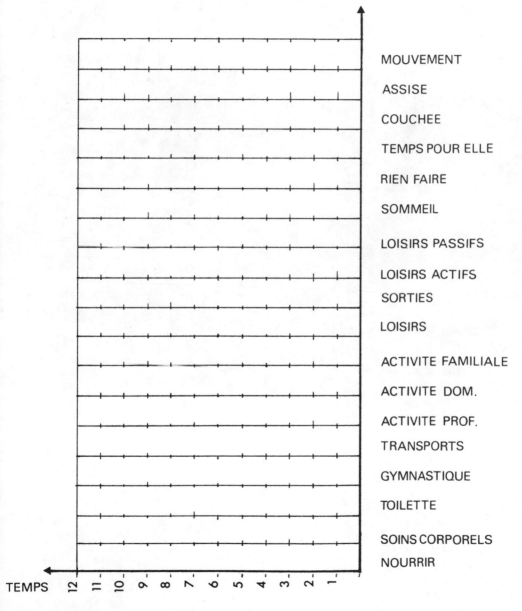

MOUVEMENT

ASSISE

COUCHEE

TEMPS POUR ELLE

RIEN FAIRE

SOMMEIL

LOISIRS PASSIFS

LOISIRS ACTIFS

SORTIES

LOISIRS

ACTIVITE FAMILIALE

ACTIVITE DOM.

ACTIVITE PROF.

TRANSPORTS

GYMNASTIQUE

TOILETTE

SOINS CORPORELS

NOURRIR

TEMPS   12 11 10 9 8 7 6 5 4 3 2 1

43

3

DETENDEZ-VOUS
UN PEU, MOYENNEMENT, BEAUCOUP....

Nous venons de parcourir un bout de chemin dans la première étape, celle des bilans de tensions. Vous avez pu noter ce qui contribue à vous tendre, et les réactions de votre corps. Vous vous connaissez mieux, mais devant leur score, certains s'interrogent sur les conséquences possibles de tensions importantes et fréquentes.

Qu'ils se rassurent même si nous faisons partie des adeptes de la vie à 100 à l'heure, nous ne vivons pas en permanence sur les nerfs. Chacun de nous s'accorde des moments de détente, a ses « trucs » pour décompresser, refaire ses forces.

Se détendre, c'est souvent simplement changer d'activité.

Chacun sait cela : le fait de rester longtemps assis donne envie de se dégourdir les jambes; si l'on a été enfermé dans son bureau toute la journée, on aspire à aller faire un tour dehors à l'air frais.

Celui qui a une activité physique importante souhaitera, rentré chez lui, se mettre au repos, tandis que le sédentaire aura plutôt envie à la sortie de son travail de se dépenser, de faire du sport.

Certains ont besoin de s'arrêter à intervalle régulier, d'autres préfèrent en mettre un bon coup avant de prendre un temps de repos prolongé.

C'est une affaire d'habitude, de rythme individuel, de personnalité. Chacun a ses habitudes et ses rythmes propres grâce auxquels il peut spontanément trouver ses manières personnelles de se détendre.

ET VOUS ? Prenez un crayon, pensez au mot « détente » et notez pêle-mêle tout ce qui vous vient à l'esprit ci-après.

Vous voyez, vous avez déjà trouvé vous-mêmes certaines solutions pour atténuer ou éliminer vos tensions.

Dans la liste qui suit, cochez les réponses qui vous concernent :

Lorsque je me sens tendu,

J'AI BESOIN DE M'ACTIVER.

1. Je sors de chez moi.
   - je vais marcher
   - je fais du sport
   - je pars dans la nature (je fais du vélo, je fais de la moto, de la voiture...)
   - je vais danser
   - je fais les magasins
   - je vais voir un spectacle (un film, une exposition, un concert...)

2. J'ai besoin de rencontrer des gens :
   - je vais voir des amis
   - je me rends dans un lieu public
   - j'invite des amis

3. J'ai besoin d'exprimer mon agressivité :
   - je crie
   - je frappe
   - je provoque verbalement
   - ça me soulage de pleurer

4. Je me fais plaisir :
   - je mange
   - je bois

- je fume
- je vais m'acheter quelque chose
- je vais chez le coiffeur

5. Je m'active chez moi :
   - je fais le ménage
   - je cuisine
   - je bricole
   - je me consacre à mon passe-temps préféré

JE ME DETENDS CHEZ MOI :
- je passe un moment à ne rien faire
- je me repose
- je vais dormir
- je lis
- j'écris
- je téléphone
- je joue
- je m'occupe de mon corps
- je fais l'amour
- je regarde la télé
- j'écoute de la musique
- je prends un bain

Regardez dans quelle catégorie se situent vos réponses de détente. Etes-vous de ceux qui ont besoin d'agir, de sortir, d'être agressifs ou au contraire appartenez-vous au type ayant besoin de calme et de tranquillité pour décompresser.

Encore une fois c'est affaire d'habitudes, de rythmes individuels et de personnalités. On sait qu'il existe deux types dominants de personnalités, les actifs et les passifs. Connaissez-vous la vôtre ?

En reprenant la liste de vos réponses de détente, vous pouvez remarquer que certaines conduisent à se dépenser physiquement, à évacuer le trop plein d'énergie, d'autres à décharger l'agressivité, d'autres encore à s'accorder des satisfactions immédiates.

Avez-vous noté quelles sont les réponses qui prédominent chez vous ?

Précisez celle que vous jugez :

la plus détendante ....

la plus rééquilibrante ....

celle dont l'effet est :

le plus rapide ....

le plus long ....

de courte durée ....

Il n'existe pas de réponse idéale, c'est à chacun de choisir la réaction adaptée à sa situation.

MAIS. Si vous constatez que vous faites souvent appel à des réponses ponctuelles vous procurant une satisfaction immédiate et de courte durée comme fumer, grignoter, boire... le simple fait d'y porter attention vous permettra peut-être de les diminuer volontairement et de puiser dans d'autres catégories de réponses possibles pour les remplacer peu à peu.

Elargissez votre éventail de possibilités. N'oubliez pas que le meilleur antidote des états de tensions est de varier ses activités.

Dans cette approche de la détente on peut encore franchir un pas vers l'acquisition de réponses plus élaborées, ce que nous appelons l'entraînement de « pré-relaxation » et qui permet de se préparer très simplement et très vite à mieux vivre les situations de tensions.

LA DETENTE PROGRAMMEE

QUATRE POSSIBILITES DE DETENTE PROGRAMMEE S'OFFRENT A VOUS :

1. se concentrer sur les sensations que vous pouvez éprouver dans votre corps.
2. apprendre à se tendre pour mieux se détendre.
3. pratiquer des étirements des parties du corps contractées.
4. utiliser sa respiration pour agir sur ses niveaux de tensions.

Ces quatre méthodes se pratiquent dans la vie quotidienne.

Point n'est besoin d'un lieu approprié, de silence, de solitude.

Vous pouvez essayer tout de suite en vous rendant à votre travail, pendant votre temps de transport, lors d'une pause au bureau ou tout simplement chez vous.

1. COMMENT PRENDRE CONSCIENCE DE SES SENSATIONS CORPORELLES ?

« Pour commencer, concentrez-vous sur votre visage... Sentez l'air qui arrive dessus... Quelle sensation globale avez-vous dans tout le visage ? Il est plutôt tendu... ou plutôt relaché ? Essayez de sentir chacune de ses parties...

« Le front..., le plissez-vous ? Les sourcils... vous froncez les sourcils ?

« Sentez vos paupières, ses battements, le contact de l'air sur les yeux...

« Regardez devant vous sans rien fixer...

« Sentez vos joues, votre bouche...

« Est-ce que vous sentez les lèvres ? Les dents ? Votre mâchoire est-elle contractée ? »

Si nous fixons notre attention sur nos sensations, nous nous détendons.

Vous pouvez faire cela pour chacune des régions de votre corps. Et en particulier celles que vous avez repérées comme plus tendues. Par exemple :

* les épaules et les bras jusqu'au bout des doigts,
* le dos,
* la poitrine et l'abdomen,
* les jambes jusqu'aux pieds.

2. APPRENDRE A SE TENDRE POUR MIEUX SE DE-TENDRE.

Si vous vous sentez comme noué, tendu de la tête aux pieds n'essayez pas de vous relâcher. Localisez cette tension et augmentez-la. Par exemple, serrez fort les dents et la mâchoire comme si vous mordiez dans quelque chose. Pincez les lèvres au maximum. Maintenez le plus longtemps possible cette tension, puis laissez tout doucement se relâcher et sentez la détente s'installer.

3. LE « STRETCHING ».

C'est ainsi que les américains appellent l'étirement.

Vous vous êtes rendu compte que rester longtemps dans la même position donne envie de s'étirer. Voici quelques exercices d'étirement qui sont intéressants à pratiquer lorsque vous avez une vie sédentaire ou pour s'échauffer avant une activité physique. Au début de votre entraînement ne travaillez pas trop dur. Ce n'est pas nécessaire d'avoir mal pour que les exercices soient efficaces.

Deux points sont à retenir :

• Prendre plaisir à faire les exercices.

• Apprendre à ne pas dépasser ses limites.

Souvent vous pensez que vous n'avez pas le temps pour faire des exercices. Voici une série d'étirements que vous pouvez effectuer tout au long de la journée :

— Dans votre lit au réveil.

— Dans l'escalier ou en attendant le bus.

— A votre bureau (assis ou au téléphone).

— En fin de journée en rentrant chez vous.

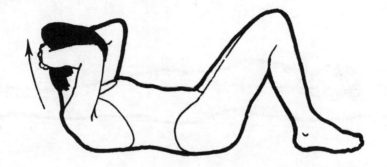

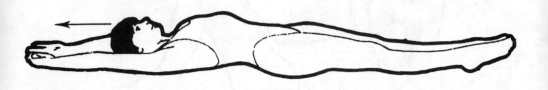

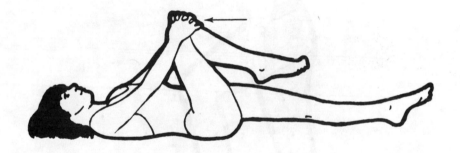

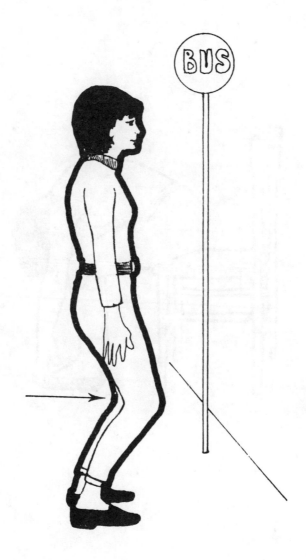

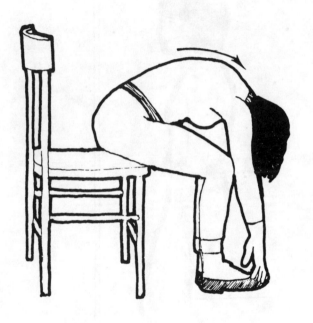

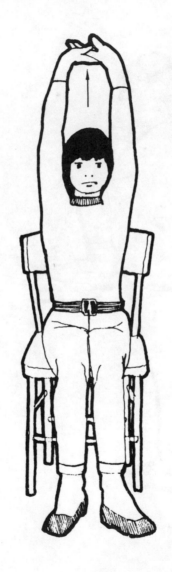

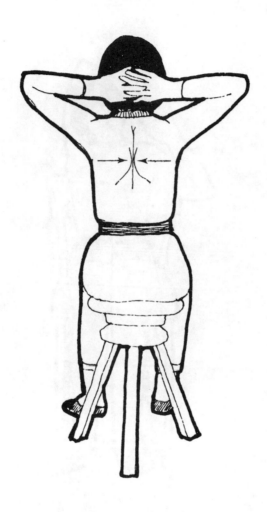

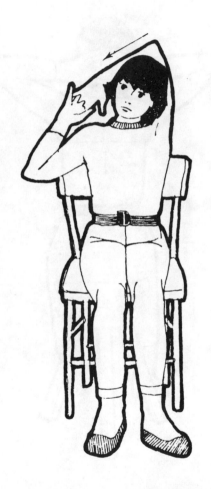

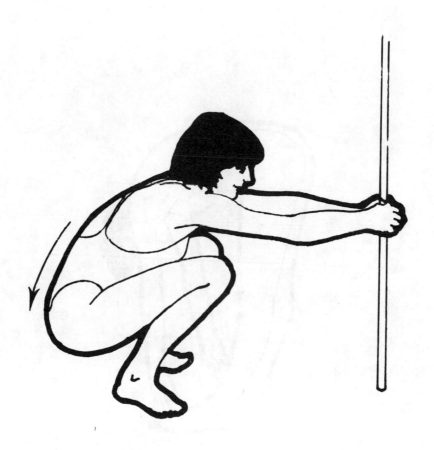

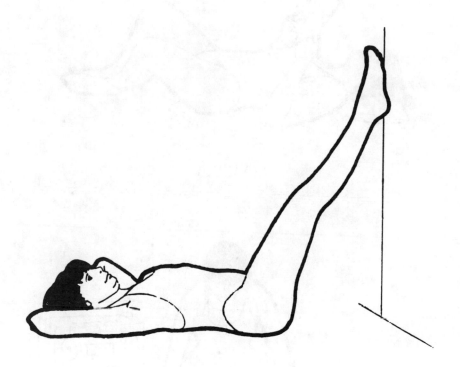

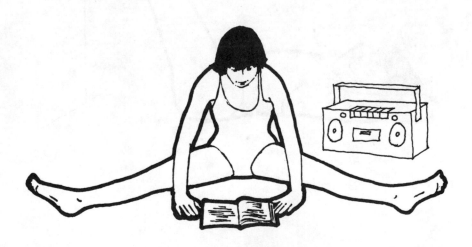

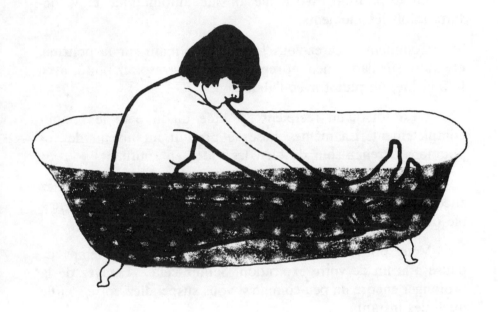

4. DU BON USAGE DE SA RESPIRATION.

Nous respirons sans y faire attention la plupart du temps et heureusement, à 16 fois la minute soit une centaine de fois dans une heure, nous serions très occupés si nous devions y penser.

La respiration est un mécanisme automatique et volontaire selon les moments.

Comment respirez-vous ? Posez une main sur la poitrine, et l'autre sur l'abdomen, et regardez si vous respirez plutôt avec la poitrine, ou plutôt avec l'abdomen.

C'est lorsqu'un récipient est vide qu'on peut le remplir complètement. La même chose se produit au niveau de vos poumons. Prenez soin de bien les vider en soufflant.

« Tout doucement prolongez votre expiration, soufflez encore... et encore... Laissez-vous allez à cette sensation agréable de relâchement quand vous soufflez.

Vous pouvez remarquer qu'il existe un léger temps de pause à la fin de votre expiration. Sentez cela... Essayez de la prolonger encore un peu comme si vous suspendiez votre souffle quelques instants.

Le même temps d'arrêt existe à la fin de l'inspiration avant de commencer à expirer, c'est parfois plus facile de retenir son souffle à ce moment-là.

Expérimentez quelques respirations avec ces deux temps de pause.

N'allez jamais jusqu'à ressentir une sensation désagréable d'essoufflement.

N'oubliez pas le but, c'est de respirer avec plaisir !

Et, maintenant, variez le rythme, accélérez votre respiration et soufflez bruyamment. C'est un exercice qui stimule.

Notez les différences de perceptions.

Essayez de faire cet exercice le plus souvent possible. Il est facile à exécuter.

DEUXIEME ETAPE

ACQUÉRIR LES TECHNIQUES

4

COMMENT VOTRE CŒUR SAIT
CE QUE VOTRE TETE PENSE...

Vous avez pu repérer dans les chapitres précédents comment vous réagissez face à une situation de stress, ou sous l'emprise d'une forte émotion. Ainsi les causes déclenchantes peuvent être très variées, les réponses par contre sont stéréotypées. Elles visent à assurer la survie, autrement dit à « sauver sa peau ».

Deux possibilités : ATTAQUER ou FUIR.

Dans les deux cas, se met en marche un système qui nous prépare à l'action, qui stimule notre corps dans sa totalité, et lui permet de développer un surplus d'énergie. Nos muscles se tendent, se contractent, notre cœur accélère son rythme pour assurer l'apport sanguin adapté à cette activité musculaire, notre respiration devient plus rapide pour répondre à la consommation d'oxygène supplémentaire. Bref, tout l'organisme se prépare à l'action. Les mêmes signes s'observent lors d'un effort. Que se passe-t-il ?

Le système nerveux est constitué de deux parties tout à fait différentes :

1. Le système nerveux central et périphérique dont le contrôle est conscient et volontaire.

Il intervient dans la vie de relation avec le monde. C'est lui qui nous permet de sentir et de nous mouvoir. Il a la commande des organes des sens et des muscles du corps.

2. Le système nerveux neuro-végétatif dit encore autonome car sa mise en marche est involontaire et inconsciente.

Il entretient les fonctions vitales de digestion, de respiration, de circulation, etc. Il contrôle les glandes et les muscles lisses du cœur, des vaisseaux sanguins et des parois de l'estomac et des intestins.

Ce système nerveux autonome se divise lui-même en deux parties : sympathique et para-sympathique, dont les actions sont opposées.

Le système nerveux sympathique est formé par des chaînes de fibres nerveuses et des ganglions, de chaque côté de la colonne vertébrale d'où partent des fibres qui se rendent aux différents viscères.

Ce système a tendance à agir comme un tout. Lors d'une émotion, il fait accélérer le cœur, dilater les artères des muscles et du cœur, contracter celles de la peau et des organes digestifs. Il provoque la transpiration et la sécrétion de certaines hormones qui accroissent les effets de l'émotion (décharge d'adrénaline et de noradrénaline par les glandes surrénales situées au-dessus des reins).

Nous ne sommes le plus souvent attentifs qu'aux manifestations qui nous dérangent le plus (palpitations, essoufflement...), mais il s'agit d'un tout comme le montre le tableau ci-contre.

Le système nerveux para-sympathique est formé par certaines fibres qui viennent les unes de la région crânienne et les autres de la région sacrée.

Son action est opposée à celle du sympathique. Il agit pendant les moments de tranquillité. Il participe à la digestion et s'occupe des fonctions de récupération de l'organisme.

TABLEAU D'ACTION
DU SYSTEME NERVEUX VEGETATIF

PARASYMPATHIQUE

SYMPATHIQUE

Rétrécit la pupille

Dilate la pupille

Ganglion

Bulbe

Inhibe la production de salive

Stimule la production
de salive

Accélère les
pulsations
cardiaques

Nerf vague

Cervicale

Dilate les bronches

Ralentit les pulsations
cardiaques

Thoracique

Plexus solaire

Inhibe le péristaltisme
et la sécrétion

Rétrécit les bronches

Stimule le péristaltisme
et la sécrétion

Lombaire

Sécrétion
d'adrénaline
et de noradréline

Stimule la libération de la bile

Stimule les transformations
de glycogène en bile

Sacrale

Chaîne de ganglions
sympathiques

Contracte la vessie

Inhibe la contraction
de la vessie

TABLEAU RECAPITULATIF DES MANIFESTATIONS DU SYSTEME NERVEUX VEGETATIF

LE SYSTEME NERVEUX VEGETATIF SYMPATHIQUE

- Accélération du rythme cardiaque.
- Augmentation de la tension artérielle.
- Diminution du calibre des artères.
- Accélération de la fréquence respiratoire.
- Diminution de l'amplitude respiratoire.
- Augmentation du tonus musculaire.
- Accroissement de la transpiration et diminution des sécrétions de salive et de mucus.
- Hérissement des poils sur la peau, « chair de poule ».
- Dilatation des pupilles.
- Diminution de la motilité des voies digestives, gastro-intestinales.
- Détournement du sang de l'estomac et des intestins vers le cerveau et les muscles squelettiques.
- Elévation de la température.

MODIFICATIONS BIOLOGIQUES

Sécrétion d'adrénaline :

    — avec élévation de la glycémie (du taux de sucre dans le sang),

    — avec élévation du cholestérol sanguin.

Augmentation de la coagulabilité.
Baisse de la cortisone.
Diminution du nombre de globules blancs.
Diminution du nombre des anticorps.
Baisse de la concentration intellectuelle.

C'est la préparation du sujet à un effort important.

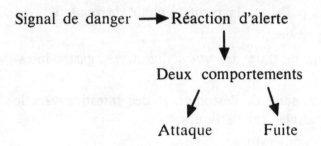

Signal de danger ⟶ Réaction d'alerte

                          Deux comportements

            Attaque   Fuite

LE SYSTEME NERVEUX VEGETATIF
PARA-SYMPATHIQUE

C'est le système de récupération de l'organisme :

- Ralentissement du rythme cardiaque.
- **Dilatation des artères.**
- Baisse de la tension artérielle.
- Ralentissement du rythme respiratoire.
- Accélération de la motilité des voies digestives.
- Freinage de la transpiration.

Ces mêmes variations sont observées pendant une relaxation.

Ainsi lorsque nous ressentons une forte émotion (comme la peur, ou la colère...), lorsque nous percevons un danger, nous ressentons un certain nombre de changements corporels (pulsations cardiaques et respirations rapides, bouche et gorge sèches, tension musculaire accrue, transpiration, tremblements des extrémités...).

La plupart des modifications physiologiques qui se produisent sont le résultat de l'activation de la partie sympathique du système nerveux autonome laquelle prépare le corps pour les réactions d'urgence.

A ces manifestations corporelles s'ajoutent des modifications biologiques : l'élévation du taux de sucre dans le sang pour fournir plus d'énergie, du taux de graisse sanguine, la coagulation du sang devient plus rapide (intérêt dans le cas de blessure).

On observe par contre une diminution du nombre des globules blancs et des anticorps. C'est-à-dire une baisse des moyens de défense du corps (moyens de défense à plus long terme).

Lorsqu'un sujet est réellement en danger vital, on a donc une préparation du corps à l'action et *ACTION* sous forme d'attaque ou de fuite. (Imaginez l'homme dans la jungle face à un lion !) L'énergie mobilisée est dépensée et nous revenons au point de départ. C'est le moment du repos compensateur (où intervient le système para-sympathique).

Le système sympathique prépare l'organisme à la production d'énergie.

A mesure que l'énergie se résorbe le système para-sympathique qui a pour rôle de conserver l'énergie reprend le dessus et ramène l'organisme à son état normal.

Les conditions de vie de notre civilisation urbaine favorisent les occasions de stress. Il existe une sur-stimulation sen-

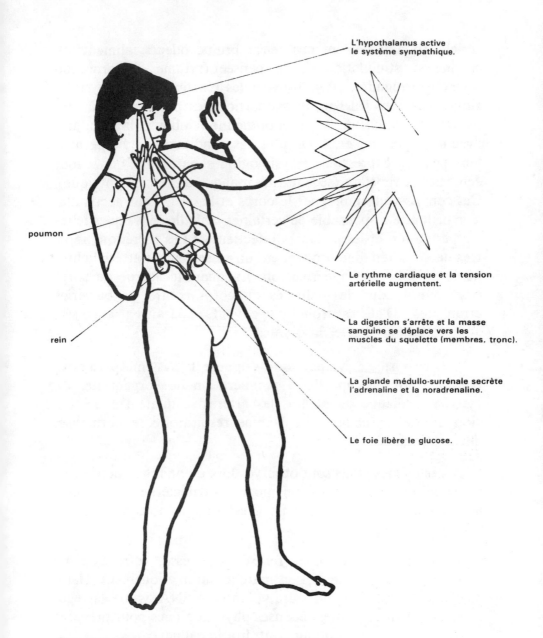

L'hypothalamus active
le système sympathique.

Le rythme cardiaque et la tension
artérielle augmentent.

La digestion s'arrête et la masse
sanguine se déplace vers les
muscles du squelette (membres, tronc).

La glande médullo-surrénale secrète
l'adrenaline et la noradrenaline.

Le foie libère le glucose.

poumon

rein

Si vous êtes effrayé, les réactions physiologiques contrôlées par le
système sympathique préparent votre corps à l'action en augmentant le
rythme de votre cœur, en inhibant la digestion, en libérant du sucre et
en augmentant le flux du sang dans les muscles de vos membres.

83

sorielle (bombardement des sens : bruits, odeurs, aliments...), et une sur-stimulation de la pensée (rythme d'information rapide et irrégulier, etc.). Souvent les réactions neurophysiologiques mises en jeu sont disproportionnées par rapport à l'intensité des stimuli de la vie quotidienne (embouteillage, conflit avec un supérieur, etc.). De plus ces conditions de vie permettent peu les expressions physiologiques naturelles qui « font échapper la vapeur » (sédentarité, manque d'exercice physique). Ces conflits vont imprégner le corps et l'esprit. Leur accumulation peut être responsable de certaines maladies physiques telles l'hypertension et les maladies infectieuses. Les sécrétions répétées de noradrénaline provoquent un resserrement artériel chronique et donc une hypertension. La quantité accrue de corticostéroïdes réduit les défenses du corps contre les bactéries étrangères. D'autres troubles peuvent apparaître : angoisse, anxiété, maux de tête, insomnies...

A ce système sympathique s'oppose le système para-sympathique qui s'occupe de la récupération de l'organisme. Le rythme cardiaque se ralentit, les artères se dilatent et la tension artérielle s'abaisse. Le rythme respiratoire se normalise, devient calme.

Les mêmes effets sont observés lors d'une relaxation. C'est pourquoi la relaxation est un moyen privilégié de lutte contre le stress de la vie quotidienne. C'est ce que nous verrons au chapitre prochain.

Ainsi, que vous soyez relaxé ou stressé, votre Système Nerveux Autonome se met en marche automatiquement. Habituellement, en dehors de votre volonté, le SNA assure la régularisation de nombreuses réponses physiologiques pour préparer votre corps à l'action ou au contraire le calmer.

L'activité du SNA contribue au maintien de l'homéostasie

du corps [1]. Les événements stressants enclenchent une série de réactions physiologiques qui préparent le corps à se défendre. Si la situation stressante persiste, c'est la réponse au stress elle-même qui peut causer des dommages aux organes dans le corps.

Les procédés de bio-feed-back, de méditation et relaxation sont utilisés pour aider les individus face aux problèmes causés par le stress. Quand votre tête pense « stress », les réponses physiologiques qui suivent disent à votre cœur et aux autres organes de votre corps ce que votre tête pense.

---

1. Homéostasie : maintien à leur valeur normale des constantes physiologiques de l'individu.

5

UN MOYEN D'AUTOREGULATION :
LES RELAXATIONS DYNAMIQUES

Vous savez maintenant comment vous détendre et vous avez pu mesurer combien ces détentes programmées vous étaient bénéfiques. Mieux même, vous avez commencé à pratiquer des exercices de « prérelaxation » qui avaient pour but de vous conduire à la relaxation proprement dite.

Mais qu'est-ce donc que la relaxation ?

Il est courant d'entendre les gens autour de nous employer des expressions comme je me relaxe, je suis relaxé. Et oui, tout le monde se dit « relax » et pourtant...

La relaxation, nous l'avons vu, ce n'est pas seulement cette impression de calme ou de détente. La relaxation correspond à un niveau de conscience ou de vigilance tout à fait identifiable et même contrôlable au moyen de l'EEG [1]. Nous y reviendrons. Pour le moment voyons les choses de manière beaucoup plus simple.

----

1. EEG : électroencéphalogramme.

Rappelez-vous lorsque vous vous réveillez le matin avant d'être totalement conscient, vous traversez une sorte de zone un peu floue souvent agréable où le temps ne semble plus vraiment compter. Parfois des idées nous viennent tout naturellement sans effort. La même chose se renouvellera le soir et ainsi chaque jour, deux fois par jour au moins, vous traversez cette zone entre veille et sommeil encore appelée niveau de relaxation. Hélas, vous savez d'expérience que le matin, si le réveil a sonné c'est pour nous inviter à sortir au plus vite de notre lit, et le soir, par définition, sauf insomnie tenace, vous entrez très vite dans le sommeil. Aucune possibilité donc de profiter de ce moment entre veille et sommeil pourtant identifié comme particulièrement bénéfique.

Eh bien, apprendre à se relaxer c'est apprendre à descendre à volonté dans ce niveau entre veille et sommeil et à y demeurer également à volonté.

Mais pour commencer, essayez de prendre conscience pendant quelques jours de ce moment qui suit votre réveil le matin. Laissez venir les sensations, essayez de bien percevoir tout ce qui se passe en vous. Comment est votre corps ? Quelle est votre notion du temps ? Enregistrez les idées qui vous viennent, sont-elles claires, imprécises ? Quelle est leur contenu à quelles parties de votre vie font-elles référence : le travail, les loisirs, la vie privée ? Comment vous sentez-vous ? tendu ? relâché ? calme ? reposé ? Essayez de bien profiter de ce moment, de vous maintenir dans cet état entre veille et sommeil le plus longtemps possible.

Faites la même chose le soir avant de vous endormir. Notez les différences avec ce qui se passe le matin. Quelles images vous viennent à l'esprit le soir ? Pouvez-vous vous maintenir dans ce niveau ? Si oui, vous avez découvert le niveau de relaxation. Mais il vous faut pour y parvenir attendre ce

LES NIVEAUX DE CONSCIENCE

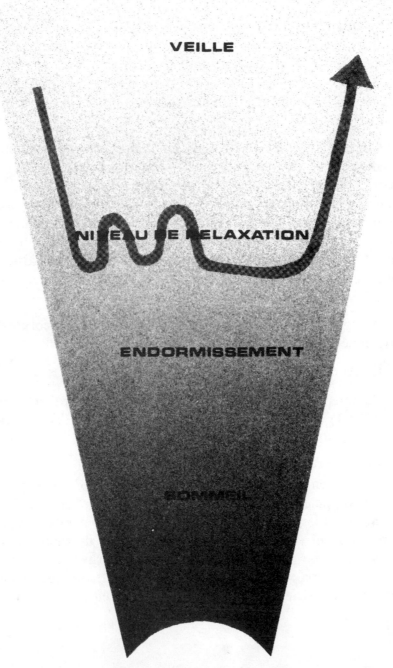

VEILLE

NIVEAU DE RELAXATION

ENDORMISSEMENT

SOMMEIL

moment que vous ne commandez pas et vous trouver dans un contexte spécial allongé prêt à dormir ou à vous réveiller.

Ce que nous vous proposons avec les techniques de relaxation dynamique, c'est de retrouver ce niveau « entre veille et sommeil » à votre convenance, à n'importe quel moment, dans n'importe quelles conditions, dans n'importe quelle posture, allongé bien sûr mais aussi assis sur une chaise ou même debout.

Comment ? Très simplement en abaissant votre vigilance en réduisant votre tonus. Il vous suffit pour cela de décontracter, de détendre toutes les parties de votre corps, de la racine des cheveux aux doigts de pieds. Chacun de nous peut très aisément agir sur sa vigilance en réduisant les stimuli : lumière, bruit, odeurs qui nous parviennent de l'extérieur, en fermant les yeux, en décontractant les mâchoires, en laissant tomber les épaules, en contrôlant la respiration pour la laisser descendre sur l'abdomen.

Il s'agit en fait d'effectuer une sorte de parcours corporel. C'est l'itinéraire de relaxation.

Essayez maintenant de faire cet itinéraire.

Commencez assis sur une chaise. Lisez d'abord une première fois le texte qui suit. Vous pouvez même l'enregistrer pour être guidé sur l'itinéraire de la relaxation.

Vous vous installez confortablement sur une chaise. Le dos appuyé contre le dossier de la chaise les pieds bien posés au sol. Rappelez-vous, il n'est pas nécessaire d'être allongé ou avachi pour se relaxer, au contraire il vaut mieux adopter une posture qui vous permet de garder un peu de tonus. Vous pouvez desserrer tout ce qui vous gêne : cravate, ceinture, retirez même vos chaussures si vous le souhaitez. Prenez maintenant bien conscience de l'espace où vous êtes, ce qui vous entoure, le décor de la pièce, les couleurs, les meubles. Vous devez vous sentir bien à l'aise dans ce lieu. Puis tranquillement, vous fermez les yeux. Vous vous concentrez sur votre visage, vous détendez votre front, le tour des yeux, les paupières, tous les muscles de votre visage, les joues, les mâchoires. Pour décontracter les mâchoires, vous pouvez entrouvrir légèrement la bouche. Décontractez maintenant la nuque, puis les épaules en les laissant descendre doucement vers le bas. Vous détendez ensuite les bras, les avant-bras, les mains. Intéressez-vous après à votre dos et décontractez toutes les parties de votre dos, sentez les points d'appuis sur le dossier de la chaise, descendez le long de votre colonne vertébrale.

Revenez sur votre thorax, prenez conscience de votre respiration en partie haute de votre corps. Respiration calme et tranquille. Détendez bien votre poitrine et laissez descendre votre respiration sur l'abdomen. Profitez-en pour détendre les muscles de votre abdomen. Concentrez-vous quelques instants sur votre respiration abdominale. Inspirez en sortant le ventre puis expirez en rentrant le ventre au maximum. Faites plusieurs respirations abdominales profondes. C'est cette respiration qui va vous aider tout au long des exercices à descendre plus profondément dans ce niveau de relaxation entre veille et sommeil.

Vous détendez maintenant le bassin, les fessiers, là encore sentez les points de contacts de vos fesses sur la chaise. Détendez les cuisses, les mollets, les pieds. Votre corps est détendu. Laissez venir à vous toutes les sensations nouvelles que vous procure la relaxation. Percevez le calme qui s'est installé en vous. Prenez conscience de votre respiration calme et tranquille. Profitez au maximum de ce grand moment de silence que vous vous accordez. Vous voici dans le niveau de relaxation au bord même du sommeil.

Si au début vous vous endormez ne vous inquiétez pas,

c'est normal. Souvenez-vous que c'est un moment très bref qui précède le sommeil. De proche en proche en pratiquant régulièrement cet exercice vous finirez par ne plus vous endormir. C'est vous qui contrôlerez votre descente dans le niveau de relaxation.

C'est bien. Vous allez maintenant vous préparer à la reprise. Retrouvez un peu de ce tonus que vous avez volontairement abaissé. La reprise s'effectue en quatre temps.

1er temps : Vous respirez plusieurs fois très profondément.

2e temps : Vous remuez les doigts des pieds, les doigts des mains ,vous remuez les mâchoires, vous grimacez.

3e temps : Vous vous étirez longuement comme si vous sortiez d'un sommeil profond. Tirez sur vos bras, vos jambes, votre cou, votre thorax.

4e temps : Très lentement vous ouvrez les yeux.

La reprise est un moment important. En vous relaxant, vous avez provoqué un certain nombre de modifications neurophysiologiques. Il convient donc de bien effectuer cette reprise. Procédez lentement. Au début peut-être votre relaxation n'étant pas très profonde, vous aurez envie d'ouvrir les yeux très vite après cet exercice. Mais au fil du temps, vous constaterez que vous vous trouvez bien et que vous souhaitez faire durer ce moment de relaxation. C'est alors que la reprise devra être bien effectuée. Bien effectuée, c'est-à-dire en prenant son temps. La reprise fait partie de l'exercice. Respirez profondément. Mobilisez bien les extrémités de votre corps. Etirez-vous longuement et prenez votre temps pour ouvrir les yeux. Regardez tranquillement autour de vous. Retrouvez le décor, les couleurs de cet espace que nous vous avions demandé de bien enregistrer avant l'exercice. Il faut savoir sortir d'une relaxation. Les exercices que nous vous proposons sont courts, dix minutes en moyenne, mais sachez aussi que la relaxation n'est pas ici une finalité. Lorsque vous saurez descendre entre veille et sommeil (c'est très rapide), nous utiliserons ce niveau pour procéder à des activations. C'est-à-dire que nous allons vous demander d'effectuer une sorte d'exercice à l'intérieur de l'exercice. Selon les cas nous vous demanderons de réaliser des activations physiques : par exemple, tendre une partie du corps et prendre conscience de la détente des autres parties; ou des activations mentales : renforcer vos pensées positives en concentrant votre attention sur des scènes agréables de votre vie.

Pour l'heure, contentez-vous de pratiquer régulièrement l'exercice que nous venons de voir. Faites-le une semaine deux fois par jour si vous le pouvez. C'est à ce prix que vous progresserez vite.

Après une semaine nous vous proposons d'apprendre tout de suite à vous relaxer debout. L'itinéraire est le même. Commencez par détendre le visage et descendez lentement jusqu'aux... mollets. Bien sûr, debout vos mollets et vos pieds vont rester contractés pour vous permettre de garder cette station verticale propre à l'être humain.

Avant de commencer l'exercice, installez-vous bien sur vos jambes, les pieds légèrement écartés, là encore il vous faut trouver la posture qui vous agrée. Rappelez-vous, ce que nous cherchons d'abord c'est un certain confort corporel. Votre corps est droit déjà un peu relâché, votre tête droite aussi. Avant de fermer les yeux regardez bien à nouveau où vous êtes, l'espace dans lequel vous vous trouvez et puis quand vous le voulez, très tranquillement vous fermez les yeux et vous commencez cet itinéraire de relaxation que vous connaissez pour l'avoir effectué pendant une semaine. Laissez-vous bien aller à la détente. Vos pieds et vos mollets vous maintiennent debout. Si vous vous sentez pris d'un léger balancement d'avant en arrière, servez-vous en pour approfondir votre relaxation.

Constatez que vous pouvez tanguer légèrement d'avant en arrière et que votre corps ne tombe pas. C'est vous qui contrôlez le mouvement et votre descente vers le niveau de relaxation. Pendant que vous vous relaxez laissez venir toutes ces sensations nouvelles que vous procure la relaxation debout. Notez comme c'est facile de laisser tomber ses épaules. Prenez conscience de votre respiration qui descend sur l'abdomen. Enregistrez toutes ces modifications que vous procure cet exercice. En vous entraînant régulièrement vous constaterez combien il est aisé de se relaxer dans cette position de la vie courante en quelques instants, et quel que soit l'endroit où vous vous trouvez vous savez maintenant que vous pouvez vous relaxer.

Pratiquez cet exercice pendant une semaine encore et commencez à introduire les premières activations que nous vous proposons maintenant.

Activations mentales : Assis ou debout.

Après avoir procédé comme à l'accoutumé à la descente dans le niveau de relaxation par l'itinéraire corporel, prenez bien conscience de votre détente. Approfondissez votre détente mentale, écoutez comme tout est calme en vous. Les bruits de l'extérieur s'ils parviennent jusqu'à vous, ne sont que des repères qui vous prouvent que vous êtes tout à fait conscient mais ne vous dérangent pas. Vous pouvez effectuer votre première activation mentale en vous concentrant sur un objet de la nature, un objet de votre choix : un nuage, une feuille, un arbre, une fleur, etc. Laissez venir l'image de cet objet à votre esprit, regardez-le, visionnez-le. Cet objet que vous avez choisi doit être pour vous agréable à regarder. Détaillez-en les moindres détails, les couleurs, la forme, le mouvement s'il y a lieu. Concentrez-vous quelques instants sur cet objet de la nature. Laissez maintenant l'image disparaître et revenez sur votre corps. Refaites mentalement cet itinéraire corporel, détendez à nouveau toutes les parties de votre corps et quand vous le voulez à votre rythme. C'est vous qui dirigez l'exercice. Effectuez votre reprise... lentement.

Activation physique : Debout.

Après avoir effectué l'itinéraire de relaxation et approfondi votre détente mentale comme dans l'exercice précédent, levez lentement le bras droit au-dessus de la tête en inspirant, puis tirez sur votre bras en retenant votre respiration. Vous étirez ainsi toute la partie droite de votre corps tandis que la partie gauche reste détendue. Essayez de bien percevoir cette différence. Puis relâchez votre bras droit en expirant pendant qu'il vient se replacer le long du corps. Accordez-vous quelques instants de récupération pour enregistrer les sensations qui suivent cet exercice de tension. Recommencez l'exercice. Faites-le trois fois avec le bras droit puis trois fois avec le bras gauche.

Faites-le lentement. Ce n'est pas un exercice de force. Ce qui importe c'est ce que vous ressentez : la détente qui suit la tension. N'oubliez pas de bloquer votre respiration pendant que votre bras est tendu. Laissez la partie opposée de votre corps bien détendue et prenez conscience des différences corporelles que provoque cet exercice. N'oubliez pas enfin de le faire de chaque côté. Notez tout ce que vous ressentez, tous vos vécus corporels pendant cet exercice.

Vous savez comment pratiquer une activation. Faites-le plusieurs jours de suite. D'autres activations vous seront proposées dans les pages qui suivent. Vous pouvez aussi combiner les deux : activation physique puis activation mentale au cours du même exercice. N'oubliez pas la reprise ! *Lentement !*

Que se passe-t-il lorsque nous sommes dans le niveau de relaxation ?

— Une modification de la notion du temps.

— Une perception différente de l'espace.

— Les bruits extérieurs, la lumière, les odeurs s'atténuent ou augmentent.

— Une baisse du tonus musculaire, les tensions s'effacent.

— Une modification des sensations corporelles. On peut retrouver ou effacer une sensation. On peut majorer ou diminuer ses perceptions.

— Le niveau de vigilance varie : l'attention peut être flottante ou dirigée sur un point précis (par exemple : sur une sensation particulière éprouvée dans le corps).

— L'imagination peut être stimulée (évocation de souvenirs agréables, d'images, etc.).

TROISIEME ETAPE

GÉRER LE CHANGEMENT

6

CHANGER SA VIE

HABITER SON CORPS.

« Connais-toi, toi même... »

Répondez aux questions suivantes :
* Votre poids ? ....
* Votre taille ? ....
* Votre envergure ? ....
  (mesure des bras tendus à l'horizontale du bout
  des doigts de la main gauche à la main droite) ..
* Quelle hauteur atteignez-vous les bras levés au-
  dessus de la tête ? ....
* Votre nombre de respirations par minute au
  repos ? ....
* Où est votre diaphragme ? ....
* Votre nombre de pulsations cardiaques par mi-
  nute au repos ? ....
* Avez-vous déjà écouté votre cœur ? ....

- Quand avez-vous regardé votre dos pour la dernière fois ? ....
- Donnez en cm la longueur de votre pas ? ......
- Aimez-vous votre voix ? ....

Peut-être certains d'entre vous ont répondu à toutes les questions. Bravo ! Que les autres se rassurent, la méconnaissance de certaines de nos caractéristiques physiques est assez courante. Ce que l'on demande habituellement à notre corps, c'est de se faire oublier, d'être le plus silencieux possible.

« Si je ne sens rien, c'est que tout va bien ! »

Cette attitude nous conduit souvent à ne prendre conscience de nos organes, de nos articulations, etc., que lorsqu'un trouble survient (palpitations, essoufflement, coliques, douleurs diverses...).

Ce que nous voulons montrer dans ce chapitre, c'est que l'on peut vivre son corps autrement en partant à la recherche d'autres sensations, peut-être de nouvelles, oubliées de vous ou inconnues. Ceci nous conduit à prendre conscience de tout ce que l'on peut percevoir.

C'est à un voyage intérieur que nous vous convions.

Les nécessités de notre activité quotidienne sollicitent fréquemment notre attention à ce qui nous entoure. Partons pour une fois à la découverte de nos espaces intérieurs.

Première étape : le souffle.

Cet air qui nous environne et sans lequel nous n'existerions pas.

Comme nous l'avons déjà vu, respirer est un acte banal que nous effectuons sans y penser. Avec ce premier exercice, vous allez apprendre à vivre votre respiration et peut-être à mieux l'utiliser.

Ouvrez les fenêtres si le temps le permet !

Installez-vous confortablement assis ou allongé.

Desserrez les vêtements qui pourraient vous gêner.

Commencez par sentir la sensation de l'air dans le nez ou dans la bouche, la différence de température de l'air que vous respirez et que vous rejetez à l'expiration.

Prenez conscience du trajet de l'air depuis son entrée jusqu'à son arrivée dans la poitrine.

Sentez son passage dans l'arrière-gorge, peut-être avez-vous une légère sensation de fraîcheur... dans le cou... dans vos bronches.

Essayez de le percevoir jusque dans vos poumons.

Portez attention à présent à tout ce qui bouge quand vous respirez.

Sentez votre poitrine s'élever et s'abaisser, votre thorax s'élargir.

Peut-être vous percevez le mouvement de vos côtes qui s'écartent. Vous pouvez poser vos mains de chaque côté, on perçoit mieux ce mouvement ! Sentez-les aussi dans le dos. On respire aussi par le dos !

Essayez de repérer le va-et-vient de votre diaphragme... et portez attention à votre ventre, lui aussi respire...

Laissez-le bien se gonfler quand vous respirez et rentrer quand vous soufflez.

(A l'inspiration, votre diaphragme descend repoussant les organes à l'intérieur de votre ventre et votre abdomen se soulève !)

Point n'est besoin d'être relaxé, il peut se pratiquer n'importe où, assis, debout, au milieu des autres ou dans votre lit le matin au réveil.

C'est une excellente introduction à la relaxation.

Deuxième étape : les points de contacts.

Quelle que soit la position adoptée vous avez un contact avec le sol, la chaise ou les coussins...

Repérez tranquillement ces appuis : l'arrière de la tête ou le côté du visage... la surface du dos avec le relief des omoplates, des côtes, de la colonne vertébrale, du bassin... ou tout le côté du corps sur lequel vous reposez : le tronc, l'épaule et le bras, la hanche... enfin percevez les points d'appui des membres inférieurs : cuisses, mollets, talons, ou bord du pied...

L'enveloppe corporelle.

Attachez-vous à présent à découvrir la surface de votre peau.

Posez vos mains sur votre visage et sentez la surface de votre front, le dessin des sourcils, les courbes des paupières et des yeux, l'arête du nez. Sentez le modelé de vos joues, de vos lèvres, la forme arrondie de votre menton.

Percevez l'intérieur de votre bouche, vos dents, votre langue.

Suivez le contour d'une oreille et essayez de percevoir le début du conduit auditif. Prenez conscience enfin de toute la surface de votre peau qui vous limite et vous met en contact avec l'extérieur.

Ce que vous venez d'explorer avec votre visage, sentez-le avec chacune des autres parties de vous-même.

Troisième étape : l'itinéraire de relaxation.

Déjà vu au chapitre précédent, qui consiste à sentir, puis à décontracter toutes les régions de son corps les unes après les autres.

Quatrième étape : d'autres parcours.

Les voies d'accès à la relaxation sont très nombreuses, variez les plaisirs ! Voici un inventaire non exhaustif de ces chemins possibles.

1. *Concentration sur les sensations corporelles.*

a) *Itinéraire corporel :*

- *descendant* (commencer par le visage et suivre un itinéraire de relaxation qui descend jusqu'aux pieds),
- *ascendant* (itinéraire inverse),
- *antéro-postérieur* (sentir tout le devant de son corps puis l'arrière).

b) *Relaxation dissymétrique.*

Exemple : itinéraire latéralisé.

Prendre conscience de la moitié droite de son corps et la détendre (côté droit du visage, épaule et bras droits, moitié du dos limitée par la colonne vertébrale et côté droit du tronc, cuisse, jambe et pied droits).

Comparer les sensations obtenues dans la moitié du corps relâchée avec celles qui sont perçues à gauche.

Relâcher tout le côté gauche.

Sentir l'unité de son corps tout entier.

Autres possibilités de relaxations dissymétriques :

— avant et arrière du corps,

— haut et bas,

— croisée : relâcher la jambe gauche et le bras droit puis la jambe droite et le bras gauche.

c) *Axes du corps :*

- prise de conscience de l'axe longitudinal de la tête aux pieds,
- prise de conscience de l'axe transversal :
  — d'une épaule à l'autre,
  — du bassin,
- prise de conscience des diagonales du corps.

d) Prise de conscience de la position du corps (assis, debout, couché, sur le dos ou le côté, perception des différences de sensations).

2. *Relaxation à partir de certains éléments du training autogène de Schultz.*

a) *Pesanteur.*

Induire une sensation de pesanteur dans le bras dominant, puis généraliser à l'ensemble du corps.

b) *Chaleur.*

- Même procédé mais avec la sensation de chaleur (bras dominant — l'autre bras puis jambe dominante — l'autre jambe — enfin tout le corps).
- Concentration de la chaleur dans la région du plexus solaire (« au creux de l'estomac »).

3. *Relaxation après stimulation par une tension.*

- Inspiration — retenir sa respiration — contraction dans les muscles du corps, puis relâcher et expirer.
- Tension localisée à une région corporelle.
  Par exemple : le visage. Commencer par plisser le front, puis relâcher. Froncer les sourcils puis les détendre. Fermer

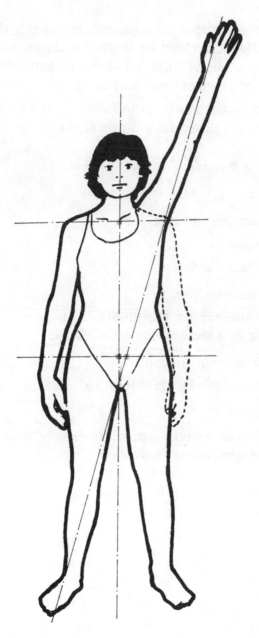

Prise de conscience des diagonales du corps.

les paupières, crisper tous les muscles autour des yeux, relâcher ensuite. Serrer fort les dents, les lèvres, contracter toute la mâchoire, laisser aller à présent et entrouvrir la bouche. Sentir le relâchement qui suit la tension.

Les exercices de tension peuvent se pratiquer de même avec des étirements généralisés ou localisés.

4. *Relaxation à l'aide d'une image mentale.*

Se concentrer :

- sur une image agréable,
- sur une couleur,
- sur une image de descente :

> *Thermomètre.*
> Visualiser un thermomètre et le voir descendre au fur et à mesure qu'on se relâche.
>
> *Echelle de tension.*
> Visualiser la flèche qui s'abaisse.
>
> *Escalier.*
> Chaque marche permet de descendre un peu plus profondément en relaxation.
>
> Visualiser une feuille qui descend vers le sol, ou une pierre dans l'eau.

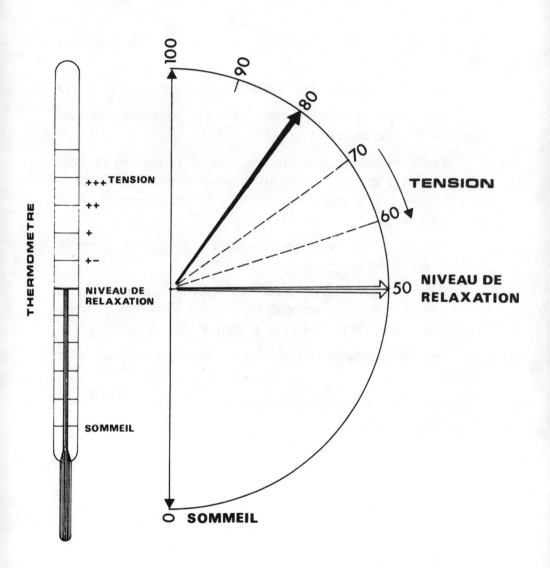

Avant de vous laisser partir seul sur ces chemins, deux conseils !

Ne cherchez pas à expliquer ou à interpréter le pourquoi de vos sensations.

Accueillez-les dans leur intensité et leur diversité.

Le même exercice répété plusieurs fois peut être perçu de manière fort différente.

Vivez ces expériences uniques... et de proche en proche, exercice après exercice, jour après jour, vous allez acquérir une attitude plus phénoménologique, celle où on renonce aux *a priori.*

Relativiser est une des premières règles pour gérer le « stress de la vie » !

Habiter son corps, ce n'est pas seulement vivre dans sa peau (même bien), c'est accepter de franchir le pas qui consiste à ne plus séparer le mental et le physique.

Pensées et sensations s'expriment en un même lieu, notre corps.

Ayez l'attitude expérientielle.

VIVEZ-LE !

LA POETIQUE DU CORPS

Une sophronisation c'est une sorte de poème. Qu'est-ce qu'un poème et qu'est-ce que nous cherchons tous dans la poésie ? C'est la rencontre avec la sensation, c'est un contact charnel avec l'idée, c'est un contact charnel avec les choses. Qu'est-ce que la sophronisation si ce n'est justement mettre quelqu'un dans ses sensations ? Et pour beaucoup qui n'ont jamais pratiqué il arrive, lorsqu'on leur dit écoutez, sentez ce front qui quelque part est présent, essayez de sentir ce ventre, essayez de percevoir votre cuisse, de sentir vos pieds, qu'ils découvrent un monde qu'ils ignoraient complètement. Une espèce de recherche de leurs sensations propres.

Il y a aussi dans nos techniques toute une reconnaissance de la sensualité où l'on va peu à peu explorer ses sens, les affiner. On va essayer de rentrer en contact avec les objets, de renforcer son sens tactile, son odorat, son sens visuel. Tous nos sens vont être d'une certaine manière mis à la fête.

Extrait d'un exposé du docteur Luc AUDOIN au Congrès Européen de Sophrologie. Bruxelles, octobre 1983.

GERER SON TEMPS.

Revenons sur nos pas. Dans l'étape du bilan vous avez établi votre budget-temps pour trois jours. Que pensez-vous des diagrammes que vous avez obtenus ?

L'usage de votre temps vous paraît-il équilibré ?

Si oui, tout est bien, vous êtes organisé.

Si non, que se passe-t-il, où est le déséquilibre dans votre emploi du temps ?

En quoi cela perturbe-t-il votre vie ? Pour le savoir répondez aux questions suivantes :

- Manquez-vous de temps ?
- Avez-vous souvent l'impression de ne pas savoir par quel bout commencer ?
- Etes-vous souvent charrette [1] ?

Si l'une de vos réponses est positive c'est que vous avez certainement besoin de gérer différemment votre temps.

Prenez un agenda et notez au fil des heures vos activités et leurs durées respectives pendant une période de 15 jours à 3 semaines.

A l'issue de cette période, notez :

1. Si le déséquilibre constaté sur 3 jours se répète sur la période considérée.
2. Sur quelles tâches passez-vous trop de temps ?
3. Pour quelles autres activités manquez-vous de temps ?
4. Identifiez les principales causes de votre perte de temps :
   - votre attitude personnelle . . . .
     (manque de rigueur, d'organisation),

---

1. « Etre charrette », expression employée par les architectes lorsqu'ils ont pris du retard par rapport à la date de remise de leur projet.

- les imprévus ....
- les conversations téléphoniques ....
- les visites ....
- les réunions ....
- la télévision ....
- le temps passé à ne rien faire ....
- et d'autres causes qui vous sont particulières ....

Les choses peuvent changer avec un peu de méthode et d'organisation.

Pour cela quelques règles à suivre :

1. établir des priorités dans vos activités,

2. estimer le temps nécessaire pour chacune des tâches retenues,

3. prévoir du temps pour s'organiser.

Par exemple : préparer la veille l'emploi du temps pour la journée du lendemain en ce qui concerne les activités principales.

Les tâches quotidiennes inévitables (toilette, cuisine, ménage, etc.) sont programmées une fois pour toute avec une durée précise. Soyez réaliste, ménagez-vous du temps pour les imprévus, du temps pour les autres, du temps pour vous. Ne sous-estimez pas la durée nécessaire à l'accomplissement d'une activité.

4. Savoir dire non, savoir relativiser. C'est le problème du choix entre une activité prioritaire prévue à l'avance et l'arrivée inopinée dans le planning d'une nouvelle tâche. Posez-vous bien la question de la priorité des priorités. *Méfiez-vous l'urgent masque souvent l'important !*

Voilà pour ce qui est de l'organisation !

Mais la gestion du temps doit s'envisager sous trois aspects :

1. La phase « PENSEE ».

Celle où notre intellect nous permet d'établir des prévisions et des programmes d'action. *C'est la structuration du temps.*

2. La phase ACTION.

Celle où l'on réalise, où l'on répartit les activités, où l'on établit les priorités. *C'est l'utilisation du temps.*

3. La phase SENSATION.

Celle où le temps habite le corps, le façonne, où la répétition des gestes, des attitudes, des postures, laisse sa marque dans l'organisme.

C'est l'intégration corporelle du temps.

Revenez au diagramme d'une « journée très ordinaire de Mme T. » Vous pouvez constater que sur 24 h elle passe 11 h assise et 8 h couchée, soit environ 19 h immobile. Dans les 5 h restantes elle est vraiment en mouvement pendant 2 h, le reste du temps elle piétine.

Il est clair que la gestion du temps de Mme T. doit prendre en compte tous ces aspects et donc la conduire à rechercher un nouvel équilibre dans ses rythmes.

Ce peut être son parcours de changement !

PENSER POSITIF.

Pensez-vous positif ? Dans une circonstance précise, dans votre vie, vos relations, dans votre travail... avez-vous plutôt l'habitude de remarquer ce qui va bien ou l'inverse ?

Testez-vous à l'aide des exercices suivants :

Inscrivez vos réponses en vous accordant 1 minute maximum par question.

1. Trouvez trois éléments de votre personnalité qui vous plaisent en vous.

   • . . . .
   • . . . .
   • . . . .

2. Pensez à une personne que vous aimez bien et inscrivez trois caractéristiques qui vous plaisent en elle.

   • . . . .
   • . . . .
   • . . . .

3. Au contraire pensez à quelqu'un que vous n'appréciez pas et cherchez trois points positifs le concernant.

   • . . . .
   • . . . .
   • . . . .

4. Dans la journée d'hier déterminez trois moments que vous jugez positifs pour vous.

   • . . . .
   • . . . .
   • . . . .

5. Cherchez trois points positifs concernant votre avenir.

- ....
- ....
- ....

Faites le compte de vos réponses positives.
Avez-vous trouvé cet exercice :

facile ....

un peu difficile ....

très difficile ....

Allons un peu plus loin.

Notez ci-dessous dans la colonne correspondante tout ce que vous estimez négatif, désagréable dans votre vie (soucis matériels, problèmes de santé). Puis faites la liste de tout ce qui est positif et agréable pour vous, par exemple votre activité professionnelle, votre vie familiale, sexuelle, etc.

POSITIF	NEGATIF
....	....
....	....
....	....
....	....
....	....
....	....
....	....
....	....
....	....
....	....
....	....
....	....

Votre bilan est positif : Continuez.

Les deux colonnes sont égales : encore un peu d'effort.

Votre bilan est négatif. Regardez si vous n'avez rien oublié dans la colonne du positif.

L'exercice qui suit vous montre comment dégager les éléments positifs dans une situation qui paraît totalement négative. Et dans 15 jours recommencez ce bilan.

PENSER POSITIF, ÇA CHANGE LA VIE.

Voici un début de journée qui pourrait être catastrophique.

7 h Le réveil n'a pas sonné. Vous vous réveillez trop tard pour être à l'heure à votre bureau et accueillir votre premier visiteur. Que faites-vous et quelles sont vos pensées.

....

....

....

REPONSE NEGATIVE	REPONSE POSITIVE
Vous vous habillez précipitamment. Vous ne prenez pas le petit déjeuner. Vous vous énervez pendant le trajet et vous pensez « la journée est foutue ». Résultat, vous quittez la maison furieux.	Vous téléphonez au bureau pour prévenir de votre retard et faire patienter votre visiteur. Vous déjeunez normalement. Vous pensez ce n'est pas un gros problème. « J'arriverai à rattraper le temps dans la journée. » Résultat : vous quittez la maison détendu, disponible.

Dans de nombreuses situations désagréables de prime abord, on peut relativiser et pour autant que l'on prenne la peine de chercher, trouver un arrangement.

Essayez vous-même, commencez par ces petites choses contrariantes de la vie quotidienne, et petit à petit vous saurez vous en servir dans des situations plus difficiles.

Vérifiez vos propos en reprenant les textes de ce chapitre dans trois mois par exemple.

7

VIVRE PLEINEMENT SON TEMPS

Le plus important ce n'est pas de posséder des techniques, c'est de les assimiler et d'être à même de créer et d'inventer les manières de les mettre en pratique dans sa vie de tous les jours en suivant ce parcours du changement que nous avons proposé. Vous avez sûrement déjà trouvé et même expérimenté des applications personnalisées.

Dans l'esprit de ce livre qui se veut très pratique, nous avons réuni un certain nombre d'exercices qui nous ont aidé nous-même dans notre parcours.

Chaque journée procure dans son déroulement une série d'occasions de se transformer.

Nous vous proposons les nôtres.

Au cours d'une journée, on peut être confronté à la nécessité de se mettre en forme, de se dynamiser, de récupérer.

Se mettre en forme, se dynamiser, c'est d'abord optimiser ses possibilités :

Développer ses capacités physiques.

Elargir ses perceptions.

Augmenter sa concentration.

Améliorer ses relations avec les autres.

1. DEVELOPPER SES CAPACITES PHYSIQUES.

Approfondir sa relaxation.

Reprenez les exercices évoqués dans les chapitres précédents :

- prise de conscience des sensations corporelles (chap. 6),
- exercices de pré-relaxation (chap. 2),
- itinéraire de relaxation (chap. 5).

Pour commencer, créez les conditions les plus favorables à l'entraînement (endroit tranquille, peu bruyant et au moins 10 minutes de disponibilité). Pratiquez régulièrement, au minimum deux fois par semaine, les progrès se feront sentir rapidement. Et puis entraînez-vous à réaliser chaque exercice dans des conditions plus difficiles (en dehors de chez vous, dans le bruit, avec une lumière intense et vraiment en 10 minutes !), en bref, les conditions habituelles de votre vie. Si les stimulations de l'environnement ne perturbent plus votre relaxation, vous pouvez poursuivre et passer à d'autres exercices.

N'hésitez pas à revenir en arrière, vous serez surpris de découvrir qu'ils peuvent être différents des souvenirs que vous en aviez gardés.

Nous vous avons fourni pour votre voyage plusieurs itinéraires qui conduisent à la relaxation, n'hésitez pas à tous les emprunter et si vous n'avez pas l'esprit aventurier, tenez-vous-en à celui qui vous convient le plus. Si vous pratiquez chaque jour pendant 15 jours à 3 semaines un des exercices proposés ci-dessus, *vous saurez vous relaxer* et vous pourrez alors entrer dans le domaine de la relaxation dynamique et des activations.

S'activer en relaxation dynamique.

Trois points forts :

1. activer ses sensations physiques,
2. sélectionner les tensions musculaires nécessaires en positions assise et debout,
3. se servir du mouvement pour se relaxer.

La relaxation dynamique n'est pas une gymnastique et l'intensité du mouvement est moins importante que l'instant de récupération qui suit le mouvement. C'est le moment où on laisse venir les sensations, prenez le temps nécessaire pour les accueillir.

Rien ne presse !

Attendez toujours d'avoir retrouvé le silence dans votre corps avant de faire à nouveau déferler la vague de sensations provoquées par le mouvement.

Apprivoiser sa respiration.

Vous utilisez déjà aisément les exercices de respiration pour vous relaxer (chap. 2 et 6). Mais vous pouvez aussi vous en servir pour vous dynamiser.

Un exercice fondamental : la respiration synchronique !

Cet exercice peut s'effectuer avec :

- un mot,
- une image,
- un mouvement.

Prenez quelques instants pour vous relaxer puis choisissez un mot qui évoque pour vous le calme (harmonie, paisible, tranquille, etc.), inspirez profondément et sur chaque expiration, tout en vous relâchant un peu plus, prononcez mentalement le mot que vous avez choisi.

Vous pouvez remplacer ce mot par une petite phrase par exemple, « je me sens bien... » ou par une image (un paysage que vous aimez, des blés courbés par le vent, les vagues de la mer, etc.).

Puis pour vous dynamiser, utilisez un mouvement que vous associez à votre respiration.

Exercice du PRANA

Après avoir effectué une relaxation debout, tournez les mains vers l'extérieur en écartant les doigts puis, en inspirant très profondément, faites monter vos deux avant-bras les mains tendues comme si vous vouliez venir toucher vos épaules.

Lorsque vos mains sont à hauteur des épaules, retenez votre respiration quelques instants.

Imaginez cet air vital, le prana comme disent les yogis, pénétrant dans tout votre corps.

Puis expirez en laissant redescendre doucement les avant-bras toujours bien tendus.

Accordez-vous un petit temps de récupération pour mieux percevoir les sensations qui suivent cette activation.

Faites trois fois l'exercice.

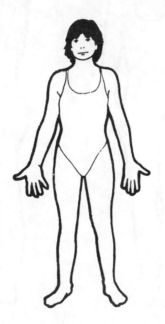 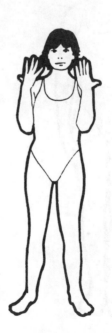

Exercice de POMPAGE AVEC LES EPAULES

Toujours debout, après avoir effectué comme à l'accoutumée votre descente dans le niveau de relaxation, inspirez très profondément et bloquez votre respiration.

Puis remuez les épaules de bas en haut comme si vous pompiez avec les deux bras une dizaine de fois. Mains et bras sont détendus. Expirez en laissant redescendre les épaules et replacez les bras le long du corps.

Laissez venir les perceptions engendrées par l'exercice puis, après un temps de récupération, recommencez deux fois encore.

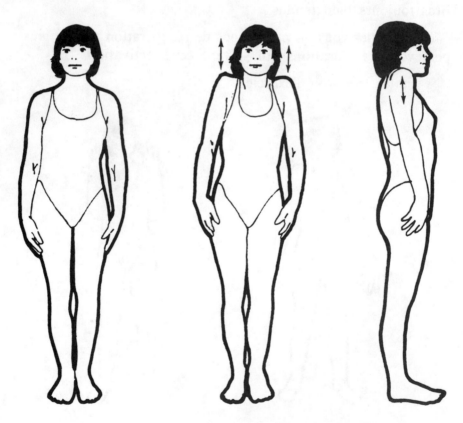

Les exercices de respiration favorisent aussi la concentration mentale.

Essayez lors d'un travail qui vous demande un effort intellectuel prolongé, cet exercice tiré du yoga. Faites-le de temps en temps et vérifiez vous-même ses effets.

Exercice du BHASTRIKA

Il s'agit de respirer alternativement par les deux narines.

Inspirez; bouchez vos deux narines, la droite avec le pouce, la gauche avec l'index, sans serrer le nez exagérément.

Puis, levez le pouce et expirez par la narine droite ainsi libérée, la gauche restant bouchée.

Lorsque l'air est complètement exhalé, aspirez rapidement de l'air frais par cette même narine droite.

Ensuite, bouchez, de nouveau, cette narine avec le pouce, libérez la narine gauche et expulsez l'air par cette voie.

La narine droite restant bouchée, aspirez par la narine gauche; puis bouchez la gauche et expirez par la droite. Aspirez par la droite pour expirer par la gauche et ainsi de suite.

En inhalant et en exhalant par une narine, l'autre doit toujours être bouchée et une expiration doit toujours être suivie d'une aspiration par la même narine.

La concentration mentale passe aussi par le corps. L'attention que vous portez aux sensations qui naissent des mouvements contribue au cours des exercices à renforcer vos possibilités de concentration.

Quelques exemples d'exercices de base. Nous en développerons d'autres au cours de la journée.

Exercice de MOBILISATION DE LA NUQUE

Cet exercice s'effectue en relaxation debout ou assis sur une chaise. L'activation consiste à tourner très lentement la tête vers la droite puis vers la gauche trois fois.

A la laisser descendre ensuite vers l'arrière puis vers l'avant comme si elle était emportée par son propre poids, trois fois.

A réaliser enfin quelques circonvolutions, c'est-à-dire, à effectuer des rotations avec la tête. On part en descendant vers la droite, on remonte vers l'épaule droite, on descend vers l'arrière et l'on remonte l'épaule gauche pour ramener enfin le menton sur la poitrine. Ces rotations doivent être réalisées très lentement trois fois dans un sens puis trois fois dans l'autre.

Exercice de LA GRIMACE

Il s'agit d'un exercice qui stimule la glande thyroïde et donc le corps tout entier. Il peut se faire en position assise ou debout.

Commencez par faire une relaxation puis la respiration restant libre, contractez les muscles de la bouche et du cou en tirant les coins des lèvres vers les oreilles, comme si vous faisiez une grimace.

Répétez ce mouvement 15 fois en ménageant un temps d'arrêt entre chaque afin de mieux apprécier les modifications des sensations perçues au niveau du cou.

Reposez-vous avant d'effectuer votre reprise habituelle de tonus.

Exercice du POLICHINELLE

Cet exercice du polichinelle qui consiste à sautiller sur place le corps très détendu, est à exécuter de préférence à la suite de quelques activations de relaxation debout.

Inspirez très profondément, bloquez votre respiration, puis commencez à sauter sur vos deux pieds, les yeux fermés, le plus légèrement et le plus souplement possible jusqu'au moment où vous éprouverez le besoin d'expirer.

Récupérez tranquillement en observant tout ce qui se passe au niveau de votre corps qui vient d'être complètement activé. Si vous sentez que vous êtes à nouveau contracté, n'hésitez pas à refaire l'itinéraire de relaxation, puis recommencez deux fois l'exercice encore en accélérant la vitesse des sautillements.

A la fin du troisième exercice, allongez-vous sur le sol à plat dos en essayant de conserver les yeux fermés, laissez-vous bien aller vers la détente.

Notez toutes les sensations nouvelles qui vous sont procurées par le changement de position, notamment dans vos pieds et dans vos membres qui ont supporté le poids de votre corps pendant toute la durée de la relaxation dynamique debout.

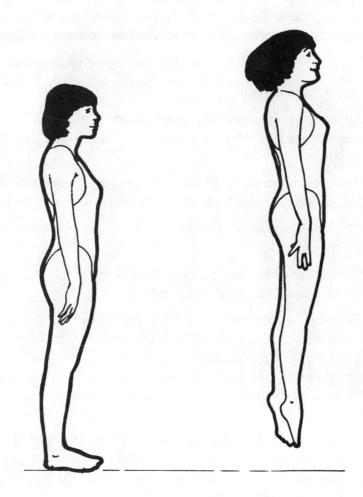

2. ELARGIR SES PERCEPTIONS.

Ce sont nos sens qui nous mettent en relation avec le monde, de l'acuité de nos perceptions dépendent notre efficacité, nos performances, la qualité de nos communications et relations avec les autres.

• *Occupons notre espace !*

Après vous être relaxés, commencez à explorer l'espace que vous occupez en étendant vos bras dans toutes les directions possibles.

Vous délimitez ainsi du bout des doigts une sorte de bulle invisible. Faites la même chose avec vos jambes et vos pieds.

Et n'oubliez pas de penser que vous pouvez occuper de l'espace derrière.

C'est un exercice qui permet d'acquérir de l'assurance, de prendre sa place... en quelque sorte.

Si vous êtes de ceux qui sont plutôt timides... ou hésitants... si vous avez tendance à vous asseoir sur le bord de la chaise. Faites régulièrement cet exercice et lorsque vous êtes dans une situation où vous vous sentez mal à l'aise, essayez mentalement de reconstituer votre bulle... et occupez complètement la chaise !

Un bon conseil avant cet exercice, prenez soin de toujours bien regarder l'endroit où vous êtes (environnement, couleurs, mobilier, personnes qui vous entourent, etc.). C'est une façon de prendre ses repères et sa place.

• *Elaborons nos gestes.*

Nous accomplissons beaucoup de mouvements sans réfléchir mais surtout pour réaliser un geste précis nous faisons intervenir tout notre corps. Il s'ensuit une dépense d'énergie plus importante que nécessaire. Certains exercices de relaxation dynamique nous apprennent à nous économiser, à développer notre précision.

Exercice du KARATE OU DES MOULINETS

Cet exercice est inspiré du mouvement des karatékas qui lancent le poing en avant en poussant un cri très puissant. Le cri est ici remplacé par une forte expiration.

Après vous être relaxé debout, levez en inspirant le bras droit au-dessus de la tête. Puis en retenant votre respiration, effectuez avec le bras tendu quelques moulinets. Lancez en expirant le bras en avant comme si vous frappiez une cible. Laissez votre corps suivre le mouvement du bras que vous gardez complètement contracté alors que le reste du corps est lui complètement détendu. Gardez quelques instants la posture en vous efforçant de percevoir les différences existant entre le bras contracté et le reste du corps qui ne l'est pas. Effectuez l'exercice trois fois avec chaque bras puis trois fois avec les deux bras.

• *Substituons nos sensations.*

Le grand succès des hypnotiseurs de music-hall repose entre autre sur le fait qu'ils font déshabiller sur scène des spectateurs volontaires en les convaincant qu'il fait trop chaud. Il s'agit en fait d'un phénomène très simple que tous ceux qui pratiquent la relaxation connaissent bien et dont vous avez eu l'explication physiologique au chapitre 4. La substitution sensorielle qui consiste à remplacer une sensation par une autre (le chaud, le froid) à l'aide d'images, est un exercice assez simple à pratiquer, très efficace et donc largement utilisé en thérapeutique (soins dentaires, accouchement, rééducation, analgésie). Ajoutez-le à la panoplie des moyens dont vous disposez maintenant. N'hésitez pas à vous en servir pour soigner tous les petits maux de la vie (mal de dents, mal au dos, mal de tête, etc.).

Exercice de SOPHRO-ANALGESIE PAR UNE IMAGE :
LE GANT

Commencez par une relaxation puis imaginez-vous dans **une scène où vous avez l'occasion de mettre des gants (avant de sortir..., ski...).**

Essayez de voir la scène avec précision (lieu, paysage ou décor, couleurs, moment de la journée).

Voyez les gants que vous allez mettre (choisissez-les de préférence épais et protecteurs).

Représentez-vous en train d'enfiler un gant sur votre main dominante (droite si vous êtes droitier, gauche si vous êtes gaucher).

Voyez le gant sur votre main.

Maintenant prêtez attention aux sensations de contact du gant sur la main. Sensations de la texture du gant sur les doigts, entre les doigts, sur le dos et la paume de la main, sur le poignet et l'avant-bras. Notez la limite où s'arrête le gant sur l'avant-bras.

Prenez conscience de toutes les sensations que vous obtenez du niveau de la main (chaleur, fourmillement, pesanteur, etc.) et laissez-les s'accentuer en imaginant qu'elles prennent bien toute la main.

Imaginez que vous allez conserver ces sensations pendant un certain temps que vous vous fixez (1 h, 2 h, 3 h ou plus).

Effectuez une reprise de tonus comme vous le faites habituellement.

Quelques conseils.

1. Au début si vous avez quelques difficultés à faire cet exercice de visualisation, faites la séance en mettant *réellement* un gant sur votre main.

2. L'exercice ne doit pas être réalisé sur une région douloureuse. Si vous avez mal à la main droite, faites l'exercice sur la main gauche puis transférez à droite.

3. N'oubliez pas de programmer le temps de conservation des sensations.

4. Vous pouvez transférer les sensations ressenties dans la main à une autre partie du corps (en posant la main sur cette partie et en imaginant que vous transmettez la sensation).

• *Affinons nos sens.*

Nous vivons dans des mondes sensoriels différents.

Certains ont une mémoire visuelle efficace, d'autres se souviennent mieux de ce qu'ils entendent, d'autres réagissent aux goûts ou aux odeurs, d'autres enfin ont besoin de toucher.

Quelle que soit la catégorie dans laquelle nous nous trouvons, il est toujours possible de développer tous nos sens.

Il existe des tests qui permettent de déterminer la sensorialité dominante. Voici quelques questions tirées du test élaboré par Carl et Stéphanie Simonton.
Faites l'expérience.

Notez-vous de 1 à 4 selon que vous visualisez très bien 4 - Bien 3 - Assez bien 2 - Mal 1.

Extrait du test de visualisation (Simonton)

Quelques questions :	4	3	2	1
• Imaginez un plat de fruit				
• Imaginez-vous en train de conduire le long d'une route poussiéreuse				
• Imaginez-vous le son d'un feu d'artifice.				
• Ressentez la chaleur d'une douche tiède sur votre peau				
• Imaginez la texture du papier de verre.				
• Imaginez-vous en train de soulever un objet lourd				
• Imaginez-vous en train de sucer un citron et ressentez l'amertume				
• Imaginez-vous humant le parfum d'une rose				

Les exercices qui suivent permettent d'affiner encore nos perceptions sensorielles.

Exercice de *STIMULATION DES SENS*

Après avoir effectué une relaxation, portez votre attention sur la région des yeux.

Prenez conscience de vos paupières, de leurs battements. Sentez le contact des yeux et des paupières. Le volume arrondi de vos globes oculaires. Relâchez les muscles autour des yeux en imaginant que vous regardez l'horizon.

Placez les paumes de vos mains sur vos yeux. Observez les changements. Laissez vos yeux s'ouvrir. Regardez l'obscurité dans vos mains. Ecartez doucement les doigts, ménagez de minces fentes entre vos doigts de façon à laisser pénétrer la lumière. Puis recréez le noir complet.

Retirez vos mains. Gardez les paupières closes et laissez venir sous forme d'un paysage un souvenir de vacances. Retrouvez petit à petit les lieux, les objets, les couleurs. Laissez se préciser encore un peu les détails. Prenez une couleur de cette scène (le bleu du ciel, le vert des prés, etc.) et concentrez-vous sur cette couleur.

Puis faites votre reprise comme vous en avez l'habitude.

Avant d'ouvrir les yeux, remémorez-vous l'endroit où vous faites cet exercice, le décor, etc., puis vérifiez de visu l'exactitude de votre souvenir.

Ceci est un exemple que vous pouvez appliquer aux autres sens : l'ouïe, l'odorat, le goût et le toucher.

Suivez les trois étapes :

1. prise de conscience anatomique du sens en question,
2. concentration sur ce qui est perçu par le sens,
3. évocation d'un souvenir, par exemple retrouver une odeur, une saveur, une mélodie, etc.

• *Mettons-nous à l'écoute de nos organes.*

Nous avons déjà abordé cela au cours des exercices de respiration. Nous vous proposons d'aller un peu plus loin et d'approcher la vie secrète de nos organes.

Profitez de toutes les circonstances de leurs vies pour les écouter.

Quand vous avez faim, sentez votre estomac réclamer, après un bon repas, appréciez son contentement. Quand votre vessie est pleine, profitez-en pour la localiser. Amusez-vous à écouter les variations de rythme de votre cœur au repos, à l'effort, quand vous êtes ému... et à l'occasion quand vous laissez votre tête reposer sur le ventre de quelqu'un, amusez-vous à écouter les borborygmes et le vacarme de l'activité digestive.

• *Entendons notre voix.*

Nous avons décrit avec précision le contenu des exercices. Lisez-les tranquillement, à haute voix, assez lentement et enregistrez-vous sur un magnétophone.

Ecoutez-vous en pratiquant ces exercices. Cette manière de procéder présente un double avantage :

• être guidé dans le déroulement de la relaxation,
• écouter sa voix, ses variations, ses intonations, ses changements au cours des semaines.

Observez aussi votre voix quand vous parlez aux autres et notez ses variations selon vos états d'humeur, de tensions, d'émotion, etc. et n'oubliez pas... écoutez aussi les autres...

3. AUGMENTER SA CONCENTRATION.

Fixer son attention sur une sensation corporelle favorise, nous l'avons vu, la concentration mentale.

C'est parfois une difficulté lorsqu'on commence à se relaxer d'être perturbé par une succession d'images et d'idées.

N'essayez pas d'interrompre ce flux de pensées, laissez-les défiler comme des nuages dans le ciel, vous verrez que petit à petit elles s'espaceront et vous dérangeront de moins en moins.

Nous ne conseillons pas de chercher à tout prix le « vide mental » comme critère de bonne relaxation mais de prendre un chemin plus facile, celui qui consiste à occuper son esprit en le concentrant sur un sujet unique. De même que sur une scène, après l'extinction des lampes, un projecteur unique focalise l'attention des spectateurs sur l'artiste.

Exercice de CONCENTRATION EN POSTURE DE MEDITATION

Installez-vous sur une chaise confortablement appuyé sur le dossier, commencez par un itinéraire de relaxation depuis la tête jusqu'aux pieds.

Pratiquez quelques respirations abdominales lentes en vous laissant descendre de plus en plus profondément dans ce niveau tout proche du sommeil.

Concentrez-vous sur votre respiration ventrale en localisant un point situé entre l'ombilic et le pubis.

136

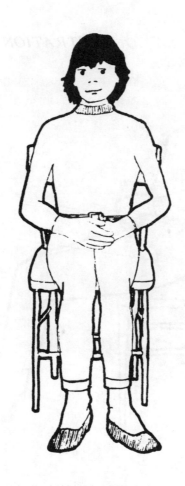

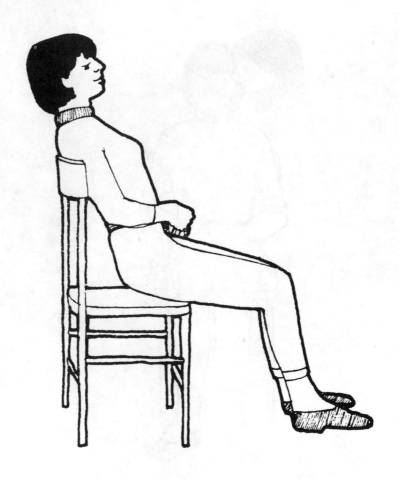

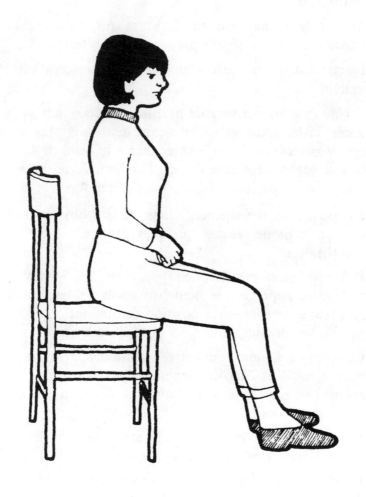

Fermez un de vos poings et placez-le sur ce point à mi-chemin entre l'ombilic et le pubis, recouvrez le poing fermé par l'autre main.

Accentuez le mouvement de votre respiration avec vos mains en exerçant une légère pression à l'expiration.

Fixez toute votre attention sur votre respiration et ce mouvement.

Changez maintenant de position en décollant votre dos du dossier de la chaise et en avançant les fesses près du bord du siège. Vos fesses doivent « accrocher » le bord de la chaise, le bassin est légèrement basculé vers l'arrière, votre dos se place naturellement en position droite, mais détendue.

Retrouvez le relâchement dans cette nouvelle position, un peu plus tonique, restez quelques minutes concentré sur votre respiration.

Puis revenez en position de repos, le dos à nouveau appuyé sur le dossier, appréciez le bien-être après la tension. Après quelques minutes reprenez la position de méditation précédente (dos décollé du dossier, fesses au bord du siège).

Concentrez à nouveau votre attention sur la respiration abdominale basse et l'accompagnement par vos mains. Laissez doucement vos paupières s'entrouvrir et fixez un point sur le sol devant vous.

Restez quelques minutes à vivre ce moment de silence, puis reposez votre dos sur la chaise.

Effectuez une reprise de votre tonus comme vous en avez l'habitude.

Croquons la pomme !

Après vous être relaxé, vous choisissez mentalement, dans la corbeille à fruits, une pomme, telle que vous l'aimez.

Prenez-la dans la main, examinez-la lentement, en la faisant tourner. Regardez bien sa couleur, sa forme, a-t-elle encore sa queue ? Puis vous l'approchez de votre nez, et vous la sentez. Laissez-vous imprégner par son odeur, prenez un torchon et faites-la briller en la frottant. Observez les modifications qui se produisent. Là où vous avez passé le torchon, la pomme luit, brille. Ne la laissez pas briller d'un seul côté, passez le torchon sur toute la pomme.

Prenez une assiette. Déposez votre pomme dessus et examinez-la encore un instant.

Posez l'assiette sur la table avec la pomme dedans. Revenez à la table et coupez la pomme en deux. Ecoutez le bruit du couteau qui entre dans la pomme. Observez le jus qui perle sur les deux moitiés. Examinez-les. Voyez les pépins qui se détachent sur la blancheur du fruit.

Pelez-en une moitié, coupez-en délicatement une tranche, portez-la à votre bouche et croquez-la lentement pour bien en apprécier toute la saveur. Son goût vous plaît ?

Alors croquez dedans à belles dents et régalez-vous !

Si après l'exercice, vous avez encore le goût de cette pomme dans la bouche, vous pouvez mesurer combien la concentration s'acquiert facilement. Répétez cet exercice en choisissant, au début, des sujets qui vous motivent jusqu'au moment où vous pourrez l'appliquer à des situations moins plaisantes.

Les exercices inclus dans cet ouvrage peuvent également vous aider à entretenir votre mémoire en développant plus particulièrement :
- le sens de l'observation,
- la possibilité d'évocation des éléments positifs des souvenirs,
- les facultés de concentration et de relaxation qui favorisent l'acquisition des connaissances.

4. COMMUNIQUER.

« Il n'est de communication que relationnelle. »

Si l'on revient à l'étymologie du mot latin «*communicare*», c'est « *mettre en commun* ».

Pour aller à la rencontre de l'autre, il faut être disponible; avoir du temps, être bien dans sa peau, habiter son corps, être « bienveillant », sans *a priori*.

Ce qui peut se résumer en six points :
1. savoir écouter,
2. savoir observer,
3. privilégier le positif en l'autre,
4. adopter l'attitude phénoménologique, « expérientielle »,
5. s'accorder un délai de réaction,
6. être conscient de son état (physique, émotionnel...) du moment.

Communiquer, c'est vivre avec les autres avec leurs contraintes, leurs soucis, leurs caractères, et s'il vous arrive encore de pousser « un coup de gueule », n'en faites pas une affaire, nous ne cherchons pas à enlever la saveur des émotions et la spontanéité des relations. Mais au contraire à vous aider à être plus disponibles et plus ouverts.

Se relaxer, oui, mais pas pour se regarder le nombril, tout au contraire pour se laisser emporter par la force de la vie et stimuler par son cortège d'émotions !

N'avez-vous pas ressenti en vous toute l'énergie bouillonner quand vous êtes joyeux... ou en colère... ou amoureux !

ALORS, POURQUOI S'EN PRIVER ?

VIVRE AUTREMENT SA JOURNEE

Au fil de la journée, vous aurez l'occasion de glisser ces petits exercices que nous vous proposons ci-après. Ce ne sont pas des exercices de gymnastique. Pratiquez-les en douceur. Ce qui est important c'est de ressentir les sensations de relâchement.

POUR SE DYNAMISER.

Le matin.

Au réveil :

- prise de conscience de son corps,
- quelques étirements,
- prise de conscience de son espace... et du lieu (c'est un exercice que nous conseillons aux personnes appelées à se déplacer fréquemment),

Dans le bain :

- entrée progressive dans l'eau pour percevoir aux différents niveaux du corps les sensations procurées par le bain,
- détecter toutes les odeurs ambiantes,
- sensation de chaleur du bain... ou de fraîcheur selon les goûts,
- se savonner en parcourant tout le contour de son corps.

Sous la douche :

- laissez l'eau ruisseler sur le corps depuis la tête jusqu'aux pieds, se détendre en imaginant que l'eau emporte avec elle toutes les tensions,
- avant de passer du chaud au froid, prenez quelques instants

pour anticiper la sensation de fraîcheur que vous allez ressentir.

En s'habillant :

- perception de l'équilibre en passant d'un pied sur l'autre pour enfiler un vêtement,
- prise de conscience de la latéralisation lorsqu'on met son vêtement à droite puis à gauche,
- étirement des bras, des jambes, du tronc en enfilant les vêtements,
- enroulement et étirement de la colonne vertébrale en mettant ses chaussures.

Pendant le trajet :

- prendre de préférence les escaliers : stretching,
- prévoir un temps de déplacement envisageant les imprévus possibles,
- en voiture, occuper son espace, mobiliser les muscles nécessaires pour la conduite et relâcher tout le reste du corps,
- dans un embouteillage, s'entraîner à la concentration mentale (sur votre respiration, un objet, une scène agréable, une sensation corporelle...),
- au feu rouge, mains sur le volant, tendre les bras et relâcher.

Au cours de la journée :

- respirer profondément 20 fois à 3 ou 4 reprises dans la journée,
- faire l'exercice de pompage avec les épaules,
- pratiquer l'exercice du bhastrika,
- respirer assis en posture de méditation,

144

- effectuer quelques respirations abdominales rapides,
- penser positif (le plus souvent possible !),
- visualiser certains moments importants de la journée.

Le soir :

Avant de ressortir, effectuer une série d'exercices dynamiques :
- relaxation debout,
- respiration abdominale rapide,
- visualisation positive de sa soirée,
- stimulation de la thyroïde 15 fois,
- au choix : pompage avec les épaules, karaté, polichinelle,
- à la fin de chaque exercice, visualisation positive de la soirée,
- tension de tout le corps puis reprise.

Ces exercices sont à exécuter à un rythme plus rapide qu'à l'ordinaire.

POUR RECUPERER.

Au réveil :

- après une courte nuit, se relaxer en respirant profondément pendant 10 minutes.

Au cours de la journée :

- respirer sur l'abdomen le plus souvent possible,
- prendre conscience de ses tensions et les effacer, exemples :
  — mobiliser la nuque et le cou,
  — hausser et laisser tomber les épaules,
  — serrer les dents et relâcher la mâchoire,
  — mobiliser ses pieds, lors d'une station debout prolongée :

écarter ses orteils plusieurs fois. Faire le mouvement de ramasser avec ses orteils. Basculer sur le bord interne du pied puis sur le bord externe. Basculer sur l'avant du pied, sur l'arrière du pied et le talon. Associer ces deux mouvements de bascule dans un mouvement circulaire. Fléchir les genoux et repousser le sol avec ses pieds en se redressant,

— stretching,

— changer de position le plus souvent possible,

- mettre ses sens au repos :
  les yeux,

— « palming » : mettre les mains sur les yeux,

— détendre les muscles des yeux en fixant un point imaginaire à l'horizon,

— se concentrer sur une image reposante :
  l'appareil auditif,

— écouter le silence entre les bruits,

— poser ses mains sur les oreilles,

— isoler un bruit et se concentrer dessus.

Pendant le trajet :

- visualisation positive de la soirée.

Chez soi :

- prendre un temps et un espace pour soi,
- faire un exercice de relaxation :
  — couché ou assis pour éliminer la fatigue,
  — dynamique pour éliminer l'énervement,
- et toujours pratiquer des exercices de respiration,

- faire le bilan de la journée : relativiser le négatif, créditer le positif,
- pratiquer la concentration mentale pour développer sa disponibilité.

Au coucher :

- visualiser sa nuit et positiver son réveil pour se lever en forme le lendemain.

SAVOIR UTILISER SES LOISIRS

Les loisirs, week-end, vacances constituent un moment propice pour se faire plaisir :
- trouver du temps pour soi,
- se laisser vivre à son rythme,
- découvrir son corps, sa façon d'être dans un contexte nouveau,
- entretenir son corps et le libérer des contraintes sociales, vestimentaires, alimentaires...
- apprendre dans des conditions plus favorables ces techniques de relaxation pour changer sa vie,
- expérimenter dans les activités de loisirs (sport, jardinage, bricolage, randonnée, danse...) certains des exercices proposés dans ce livre.

Là encore, c'est une affaire d'équilibre.

Ne croyez pas compenser par l'activité débordante d'un week-end tous les méfaits de la sédentarité d'une semaine ou inversement, récupérer en 15 jours l'épuisement d'une année passée sur les « chapeaux de roue ».

Comme on prépare sa nuit au cours de la journée, préparons nos loisirs pendant notre temps de travail.

Une journée bien construite est faite de temps forts et d'instants plus sereins. Vous avez expérimenté qu'un exercice de relaxation effectué avant de se coucher amène une nuit calme et peut-être insensiblement, avez-vous depuis diminué vos activités de fin de journée afin de laisser le repos de la nuit s'installer progressivement.

De la même façon, aménageons nos périodes de travail pour profiter pleinement de nos temps de loisirs.

Vivre pleinement son temps, ce n'est pas faire le maximum de choses dans le minimum de temps, c'est vivre intensément chacun des instants qui passent.